코시가 들려주는
연속함수 이야기

김승태 지음

NEW
수학자가 들려주는
수학 이야기
68

코시가 들려주는
연속함수 이야기

㈜자음과모음

추천사

수학자라는 거인의 어깨 위에서 보다 멀리, 보다 넓게 바라보는 수학의 세계!

수학 교과서는 대개 '결과'로서의 수학을 연역적으로 제시하는 경향이 강하기 때문에 학생들은 수학이 끊임없이 진화해 왔다고 생각하기 어렵습니다. 그렇지만 수학의 역사는 하나의 문제가 등장하고 그에 대해 많은 수학자가 고심하고 이를 해결하는 가운데 새로운 아이디어가 출현해 온 역동적인 과정입니다.

〈NEW 수학자가 들려주는 수학 이야기〉는 수학 주제들의 발생 과정을 수학자들의 목소리를 통해 친근하게 이야기 형식으로 들려주기 때문에 학생들이 수학을 '과거 완료형'이 아닌 '현재 진행형'으로 인식하는 데 도움이 될 것입니다.

학생들이 수학을 어려워하는 요인 중의 하나는 '추상성'이 강한 수학적 사고의 특성과 '구체성'을 선호하는 학생의 사고 사이에 존재하는 간극이며, 이런 간극을 줄이기 위해서 수학의 추상성을 희석시키고 수학 개념과 원리의 설명에 구체성을 부여하는 것이 필요합니다.

〈NEW 수학자가 들려주는 수학 이야기〉는 수학 교과서의 내용을 생동감 있게 재구성함으로써 추상적인 수학을 구체성을 갖는 수학으로 변모시키고 있습니다. 또한 중간중간에 곁들여진 수학자들의 에피소드는 자칫 무료해지기 쉬운 수학 공부에 윤활유 역할을 해 줄 것입니다.

〈NEW 수학자가 들려주는 수학 이야기〉의 구성을 보면 우선 수학자의 업적을 개략적으로 소개하고, 6~9개의 강의를 통해 수학 내적 세계와 외적 세계, 교실 안과 밖을 넘나들며 수학 개념과 원리를 소개한 후 마지막으로 강의에서 다룬 내용을 정리합니다.

이런 책의 흐름을 따라 읽다 보면 각각의 도서가 다루고 있는 주제에 대한 전체적이고 통합적인 이해가 가능하도록 구성되어 있습니다. 〈NEW 수학자가 들려주는 수학 이야기〉는 학교 수학 교과 과정과 긴밀하게 맞물려 있으며, 전체 시리즈를 통해 학교 수학의 많은 내용들을 다룹니다. 따라서 〈NEW 수학자가 들려주는 수학 이야기〉를 학교 수학 공부와 병행하면서 읽는다면 교과서 내용의 소화 흡수를 도울 수 있는 효소 역할을 할 것입니다.

뉴턴이 'On the shoulders of giants'라는 표현을 썼던 것처럼, 수학자라는 거인의 어깨 위에서는 보다 멀리, 넓게 바라볼 수 있습니다. 학생들이 〈NEW 수학자가 들려주는 수학 이야기〉를 읽으면서 각 수학자의 어깨 위에서 보다 수월하게 수학의 세계를 내다보는 기회를 갖기를 바랍니다.

홍익대학교 수학교육과 교수 |《수학 콘서트》저자 박경미

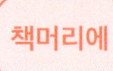

세상의 진리를 수학으로 꿰뚫어 보는 맛
그 맛을 경험시켜 주는 '연속함수' 이야기

 수학 교과서는 수학의 기본적인 개념, 원리, 법칙을 이해하고 사물의 현상을 수학적으로 관찰하여 해석하는 능력을 기르며, 실생활의 여러 가지 문제를 논리적으로 사고하여 합리적으로 해결하는 능력과 태도를 기르는 데 그 목적을 두고 있습니다. 또한 수학에서의 수량 관계나 도형에 관한 수학적 개념의 이해, 논리적인 사고력, 합리적으로 문제를 해결하고자 하는 능력과 태도는 과학을 비롯한 대부분 교과 과정의 성공적인 학습을 위해 반드시 필요합니다. 이상은 수학 교과서나 참고서에서 지향하는 말입니다. 하지만 나는 수학 공부나 가르침에서 재미를 빼고서 학습을 말하고 싶지 않습니다.

 《코시가 들려주는 연속함수 이야기》는 철저히 교과서에 중점을 두면서, 결코 빠뜨릴 수 없는 재미를 가미하여 학생들의 수업이 즐거울 수 있도록 하였습니다. 또한 수학자 코시와 과학자 훅의 즐거운 만남이 수학을 배우는 재미를 한층 더 길러 줄 것입니다.

 이 책은 결코 서두르지 않고 차근차근 즐겁게 수학을 배우기 위한 학생들의 책입니다. 따라서 즐겁게 수학을 공부하고자 하는 학생들에게는 엄청난 도움을 줄 것입니다. 실생활에서 접하는 문제들을 수록하여 스스로 해결할 수 있는 능력을 기를 수 있도록 하였고, 소단원별로 기본적으로 꼭 알아야 할 핵심 내용을 깔끔하게 정리하였습니다. 또한 학습에 흥미를 높여 주기 위해 수학과 관련된 내용이 담긴 다양한 읽을거리를 실었습니다.

　여러분이 이 책을 통해 조금 더 쉽고 재미있게 수학을 접하고 그에 대한 능력을 기를 수 있게 되기 바랍니다.

김승태

차례

추천사	4
책머리에	6
100% 활용하기	10
코시의 개념 체크	22

1교시
함수의 극한   33

2교시
함수의 발산   55

3교시
좌극한과 우극한   77

4교시
함수의 극한에 대한 성질   99

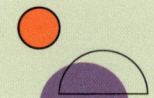

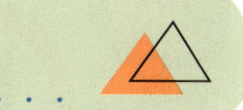

5교시
함수의 극한값을 구하는 방법　　　　　　　　　　**119**

6교시
연속함수　　　　　　　　　　　　　　　　　　**139**

7교시
연속함수의 성질　　　　　　　　　　　　　　　**159**

8교시
연속함수의 활용　　　　　　　　　　　　　　　**173**

1 이 책은 달라요

《코시가 들려주는 연속함수 이야기》에서 나오는 프랑스의 수학자 코시는 해석학과 치환군(한 집합의 순서 수열들을 원소로 하는 군)을 개척한 근대의 가장 위대한 수학자 중 한 사람입니다. 이 책은 그가 학생들을 위해 연속함수에 대한 개념과 풀이 방법을 들려주는 이야기 형식으로 구성되어 있습니다.

또한 과학자 훅과 함께 아이들의 눈높이에 맞추어 강의하듯이 연속함수에 대해 설명하고 있습니다. 연속함수는 미적분 I 에서도 제법 어렵게 다루는 내용입니다. 따라서 이 단원은 수열의 극한과 함수의 극한에 대한 기본 개념에 해당하는 내용을 어느 정도 알고 있어야 수업에 대한 이해력을 높일 수 있습니다.

하지만 이 책은 그러한 기본을 필요로 하는 부분에 좀 더 자세한 설명을 덧붙여 이 책만으로도 앞의 기본 개념까지 더불어 이해할 수 있도록 배려하였습니다. 또한 학교에서의 수학 수업에 지쳐 있는 우리 학생들을 위해 재미나게 설명하였습니다. 결코 지루하지 않습니다. 그리고 처음 배우는 학생들을 위해 차근차근 읽어 보면 이해할 수 있도록 쉬운 단어를 선택하여 설명에 힘을 주었습니다. 소설처럼 읽다 보면 이 책이 어려운 수학적 내용에 매우 쉽게 다가갈 수 있도록 구성되어 있다는 것을 느낄 수 있게 될 것입니다.

2 이런 점이 좋아요

❶ 많은 고등학생이 어려워하며 개념 잡기가 막연한 연속함수라는 내용을 매우 알기 쉽게 설명하였습니다.

❷ 학교 교과서의 과정을 넘지 않는 범위 내에서 설명의 중점을 두었습니다.

❸ 선행 학습을 준비하는 학생들을 위하여 개념을 충실히 설명하고 이해력과 응용력을 높일 수 있도록 구성하였습니다.

3 교과 연계표

학년	단원(영역)	관련된 수업 주제 (관련된 교과 내용 또는 소단원명)
고 2~3(미적분1)	함수의 극한과 연속	함수의 극한, 함수의 연속

4 수업 소개

1교시 함수의 극한

연속함수란 무엇인지 알아봅니다.

함수의 극한에 대하여 공부합니다.

- 선행 학습
- 극한 : 함수의 값이 어떤 값으로 가까워지거나, 또는 점점 멀어지는 움직임을 나타냅니다.
- 순서쌍 : 두 원소 a, b로부터 순서를 생각하여 만든 쌍을 순서쌍이라 하고 흔히 (a, b)로 적습니다.
- 발산 : 함수 $f(x)$에서, 함숫값이 어느 일정한 수의 근방에 모이지 않고 극한에서 양 또는 음의 무한대가 되거나 진동하는 것을 말합니다.
- 학습 방법
- 함수란 변수 x와 y 사이에 x의 값이 정해지면 따라서 y값이 정해지는 관계를 말합니다.
- 함수에 상수함수라는 것이 있습니다. 모든 x의 값에 따른 함숫값

이 언제나 하나의 수를 가지는 함수를 말합니다. 그런 상수함수 $f(x)=c$(c는 상수)는 모든 실수 x에 대하여 함숫값이 항상 c이므로 a의 값에 관계없이 다음이 성립합니다.

$$\lim_{x \to a} f(x) = \lim_{x \to a} c = c$$

- 함수의 극한 : 함수 $f(x)$에서 $x \neq a$이고 x가 한없이 a에이에 가까워질 때, $f(x)$가 일정한 값 α알파에 한없이 가까워지면 함수 $f(x)$는 α에 수렴한다고 합니다. 이때 α를 $f(x)$의 극한값 또는 극한이라고 합니다.

2교시 함수의 발산

함수의 발산에 대해 알아봅니다.

함수의 발산을 그래프를 통하여 이해하도록 합니다.

- 선행 학습
- 무한대 : 수학에서 무한대는 어떤 실수나 자연수보다도 더 큰 상태를 뜻합니다.
- 극한 : 접근 개념을 바탕으로 하는 수학적인 개념을 말합니다.
- 이차함수 : 함수를 나타내는 식이 이차식인 함수. $y = ax^2 + bx + c$ ($a \neq 0$)의 꼴을 가집니다.

- 학습 방법
- 함수의 발산이란 함수 $f(x)$에서, 함숫값이 어느 일정한 수의 근방에

모이지 않고 극한에서 양 또는 음의 무한대가 되거나 진동하는 상태를 말합니다. 무한대는 '끝없이 나아간다.'라는 뜻입니다.

- 일반적으로, 함수 $f(x)$에서 x의 값이 a에 한없이 가까워질 때,
  - $f(x)$의 값이 양의 값으로 한없이 커지면 $f(x)$는 양의 무한대로 발산한다고 하며 다음과 같이 나타냅니다.

    $x \to a$일 때, $f(x) \to \infty$ 또는 $\lim_{x \to a} f(x) = \infty$

  - 또한 $f(x)$의 값이 음의 값으로 한없이 작아지면 $f(x)$는 음의 무한대로 발산한다고 하며 다음과 같이 나타냅니다.

    $x \to a$일 때, $f(x) \to -\infty$ 또는 $\lim_{x \to a} f(x) = -\infty$

- x값이 양수면서 절댓값이 한없이 커지는 것을 기호로 $x \to \infty$, x값이 음수면서 절댓값이 한없이 커지는 것을 기호로 $x \to -\infty$와 같이 나타냅니다.

3교시 좌극한과 우극한

좌극한과 우극한의 개념을 알아봅니다.

좌극한과 우극한의 개념을 이해할 수 있는 그래프를 알아봅니다.

- 선행 학습
  - 절댓값 : 수학에서 절댓값이란, 어떤 실수에서 부호를 제거한 값을 말합니다. 예를 들어, 3과 -3의 절댓값은 둘 다 3이 됩니다.
  - 극한값 : 수학에서 극한이란 말은 함수의 값이 어떠한 값으로 가까

워지거나, 또는 점점 멀어지는 움직임을 나타냅니다. 이와 같은 개념은 미분과 연속을 정의하는 데 필요합니다. 즉, 극한값이란 함수 $f(x)$에서 x가 일정한 값 a에 한없이 가까워지면 $f(x)$도 일정한 값 α알파에 가까워질 때 α를 이르는 말입니다.

• 학습 방법

- $\lim\limits_{x \to a+0} f(x) = \lim\limits_{x \to a-0} f(x)$이면 극한값 $\lim\limits_{x \to a} f(x)$가 존재합니다. 그러나 $\lim\limits_{x \to a+0} f(x) \neq \lim\limits_{x \to a-0} f(x)$이면 극한값 $\lim\limits_{x \to a} f(x)$가 존재하지 않습니다.
- x가 a보다 작은 값을 가지면서 a에 한없이 가까워지는 것을 $x \to a-0$으로 나타내고, x가 a보다 큰 값을 가지면서 a에 한없이 가까워지는 것을 $x \to a+0$으로 나타냅니다.

4교시 함수의 극한에 대한 성질

수열의 극한에 대해 알아봅니다.

함수의 극한과 그 성질에 대해 알아봅니다.

• 선행 학습

- 수열 : 일정한 규칙에 따라서 수가 나열되어 있는 것을 말합니다. 즉, 자연수 $1, 2, 3, \cdots\cdots, n, \cdots\cdots$의 각각에 $a_1, a_2, a_3, \cdots\cdots, a_n, \cdots\cdots$의 수를 하나씩 대응시켜서 만든 수의 배열입니다. 수열은 $a_1, a_2, a_3, \cdots\cdots, a_n, \cdots\cdots$이나 $a_n(n=1, 2, 3, \cdots\cdots)$ 또는 $\{a_n\}$ 등으로 나타냅니다.
- 다항함수 : 항이 여러 개인 함수.

- 삼각비 : 직각삼각형의 세 변 중에서 어느 두 변을 취하여 만든 비의 값. sin사인, cos코사인, tan탄젠트, sec시컨트, cosec코시컨트, cotan코탄젠트가 있습니다.
- 삼투압 작용 : 식물 뿌리에서 물이 흡수되는 가장 기본적인 원리가 삼투압 작용입니다. 물은 항상 농도가 낮은 쪽에서 높은 쪽으로 이동하는데, 농도가 같아질 때까지 계속해서 이동하게 됩니다. 이 원리에 의해서 뿌리 밖의 물이 뿌리 세포 안으로 흡수되는데, 만약에 뿌리 세포 안의 농도보다 뿌리 밖의 농도가 더 높다면 물은 반대로 세포 밖으로 빠져나가게 됩니다.

• 학습 방법

- 극한에서 가깝게 간다는 개념은 결과를 목표에 두고 생각한다는 뜻입니다. 다시 말해, 그곳으로 가고 있다는 의미입니다.
- $\lim_{x \to a} f(x) = \alpha$, $\lim_{x \to a} g(x) = \beta$ (α, β는 일정)로 수렴할 때 다음과 같은 식이 성립합니다.

  • $\lim_{x \to a} kf(x) = k\lim_{x \to a} f(x) = k\alpha$

  • $\lim_{x \to a} f(x) \pm \lim_{x \to a} g(x) = \alpha \pm \beta$

  • $\lim_{x \to a} f(x) \cdot g(x) = \lim_{x \to a} f(x) \cdot \lim_{x \to a} g(x) = \alpha\beta$

  • $\dfrac{\lim_{x \to a} f(x)}{\lim_{x \to a} g(x)} = \dfrac{\alpha}{\beta}$ (단, $\beta \neq 0$, $g(x) \neq 0$)

- $f(x) \leq g(x) \leq h(x)$이고 $\lim_{x \to a} f(x) = \lim_{x \to a} h(x) = \alpha$이면

$\lim_{x \to a} g(x) = a$가 됩니다.

5교시 함수의 극한값을 구하는 방법

함수의 극한값을 구하는 방법에 대해 공부합니다.

- 선행 학습
- 무리식 : 무리수가 들어 있는 대수식.
- 인수분해 : 정수 또는 정식을 몇 개의 간단한 인수의 곱의 꼴로 바꾸어 나타내는 일.
- 계수 : 문자 앞에 곱해져 있는 수와 부호.

- 학습 방법
- $x \to a$이거나 $x \to \infty$ 또는 $x \to -\infty$일 때 $f(x)$의 극한이 다음과 같은 꼴을 가지고 있으면 이것을 부정형인 경우라고 합니다.
  $\frac{0}{0}, \frac{\infty}{\infty}, \infty - \infty, 0 \times \infty$
- $\frac{0}{0}$ 꼴이 무리식이면 분모, 분자 중 $\sqrt{}$가 있는 쪽을 먼저 유리화합니다. 그러나 분모, 분자에 모두 $\sqrt{}$가 있을 때는 분모, 분자 모두에 각각 켤레수를 곱합니다.
- $\frac{\infty}{\infty}$ 꼴인 경우, 분수식은 분모의 최고차항으로 분모, 분자를 나눕니다. 무리식일 경우, 근호 밖의 최고차항으로 분모, 분자를 나눕니다.
- $\infty - \infty$ 꼴일 때, $\sqrt{}$가 없는 다항식은 최고차항으로 묶어서 처리하고 $\sqrt{}$가 있을 때는 유리화시켜서 처리합니다.

- $\infty \times 0$은 통분 또는 유리화하여 $\frac{\infty}{\infty}, \frac{0}{0}, \infty \times a, \frac{a}{\infty}$($a$는 일정한 값) 꼴로 변형할 수 있는지 조사합니다.

6교시 연속함수

연속함수에 대해 공부합니다.

연속과 불연속에 대해 알아봅니다.

- 선행 학습

- 구간

① 개구간 : 실수의 집합에서 양 끝의 수를 그 집합에 포함하지 않는 구간. 부등식 $a<x<b$로 표시되는 구간으로 (a,b)로 나타냅니다.

② 반개구간 : 구간의 양 끝 가운데 하나는 포함하여 닫히고 다른 하나는 포함하지 아니하여 반열린 상태의 구간. 부등식 $a \leq x < b$ 또는 $a < x \leq b$로 표시되는 구간으로, 각각 $[a,b)$, $(a,b]$로 나타냅니다. 반폐구간이라고도 합니다.

③ 폐구간 : 실수의 집합에서 양 끝의 수를 그 집합에 포함하는 구간. 부등식으로 표시되는 구간으로 $[a,b]$로 나타냅니다.

- 학습 방법

- 일반적으로 함수 $f(x)$의 그래프가 $x=a$에서 끊어지지 않으려면 함수 $f(x)$가 $x=a$에서 정의되어 있어야 합니다. 즉, 함수 $f(x)$가 정의역에 속하는 값 a에 대하여 $x=a$라고 정의되어 있고 극한값

$\lim\limits_{x \to a} f(x)$가 존재하며 $\lim\limits_{x \to a} f(x) = f(a)$가 성립해야 합니다.
- $x=a$에서의 극한값과 함숫값이 같을 때, 함수 $f(x)$는 $x=a$에서 연속이라고 합니다. 한편, $f(x)$는 $x=a$에서 연속이 아닐 때, 즉 $x=a$에서 이어지지 않고 끊어져 있을 때, $f(x)$는 $x=a$에서 불연속이라고 합니다.

7교시 연속함수의 성질

함수의 극한에 관한 기본 성질을 알아봅니다.
연속함수의 성질을 알아봅니다.
중간값 정리를 공부합니다.

- **선행 학습**

- 일차함수 : 함수를 나타내는 식이 일차식인 함수.
  $y = ax + b (a \neq 0)$의 꼴을 가집니다.

- 이차함수 : 함수를 나타내는 식이 이차식인 함수.
  $y = ax^2 + bx + c (a \neq 0)$의 꼴을 가집니다.

- 분수함수 : 분수식으로 표시되는 함수.

- **학습 방법**

- 연속함수의 성질
  함수 $f(x)$, $g(x)$가 모두 $x=a$에서 연속이면 다음 함수도 $x=a$에서 연속입니다.

① $cf(x)$ (단, c는 상수) ② $f(x)\pm g(x)$

③ $f(x)g(x)$ ④ $\dfrac{f(x)}{g(x)}$ (단, $g(a)\neq 0$)

- 분수함수 : 분수함수는 $y=\dfrac{f(x)}{g(x)}$에서 (분모)$=0$인 점을 말합니다. 즉, $g(x)=0$인 점에서 불연속입니다.
- 무리함수 : $y=\sqrt{f(x)}$는 $f(x)\geq 0$인 범위에서 연속입니다.
- 로그함수 : $y=\log_a x$(단, $a>0$, $a\neq 1$)일 때, $x>0$인 범위에서 즉, $(0,\infty)$에서 연속입니다. 이전 수업 시간에 $x>0$의 구간 기호 표현으로 $(0,\infty)$를 배웁니다.
- 지수함수 : $y=a^x$(단, $a>0$, $a\neq 1$)이라면 $(-\infty,\infty)$에서 연속입니다.
- 삼각함수 : $y=\sin x$, $y=\cos x$는 $(-\infty,\infty)$에서 연속입니다. $y=\tan x$는 $x=n\pi\pm\dfrac{\pi}{2}$에서 불연속입니다. (단, n은 정수)
- 가우스함수 : $y=[x]$는 $x=n$에서 불연속입니다. (단, n은 정수)

8교시 연속함수의 활용

연속함수의 활용을 알아봅니다.

- 선행 학습

- 중간값 정리 : 폐구간 $[a,b]$에서 정의된 연속함수 $f:[a,b]\to\mathbb{R}$이 있습니다. 이때, 다음 사실이 성립합니다. 만약 $f(a)f(b)<0$이면, $f(x)=0$을 만족하는 점 x가 개구간 (a,b)상에 적어도 하나 존재합니다. 또한 $f(a)\leq l\leq f(b)$이거나 $f(b)\leq l\leq f(a)$이면, $f(c)=l$을 만

족하는 점 c가 폐구간 $[a, b]$상에 적어도 하나 존재합니다.

- **학습 방법**

- 불연속점 : 함수 $f(x)$가 $x=a$에서 불연속일 때, a를 $f(x)$에 대하여 이르는 말입니다.

코시를 소개합니다

Baron Augustin Louis Cauchy(1789~1857)

나는 코시 부등식으로 유명한 수학자입니다. 물론 부등식만 연구한 건 아니지요. 대칭함수나 정적분 등 수학의 전 분야를 연구하였습니다. 나만의 신조를 버리지 않아 비록 다른 나라를 떠돌아야 했지만 수학에 대한 변치 않는 사랑과 사명을 가지고 학생들에게 수학을 가르쳤답니다.

많은 연구와 논문으로 인해 과학 아카데미의 회원으로 선발되었고 후에 프랑스로 돌아와 소르본 대학의 교수가 되었습니다. 파리의 과학 아카데미가 나의 논문 페이지 수를 제한했을 정도로 300페이지에 달하는 논문을 700편 이상 쓴 나는 평생 동안 수학에 모든 열정을 다 바쳤답니다.

여러분, 나는 코시입니다

파리를 쫓고 있는 한 남자가 있습니다. 그 남자가 여러분 앞으로 다가옵니다.

"안녕하세요. 나는 1789년 8월 21일 파리에서 태어난…… 뭐야, 사람이 이야기하는데 파리가 웬 극성이야!"

파리를 쫓고 있는 나는 코시입니다. 코시 부등식으로 유명한 수학자입니다. 하지만 나는 부등식만 연구한 것이 아니라 수학의 전 영역을 연구하였습니다. 수학이라면 다 재미있습니다. 내 아버지는 나라의 공무원이었습니다. 하지만 그 당시 프랑스는 대혁명이 있던 시기였기 때문에 온 나라가 음식을 잘못 먹고 체한 것처럼 어지러웠지요. 아버지는 공무원이라 혁명의 화살을 피하기 위하여 시골로 피신하였습니다. 물론 나도 아버지를 따라 시골로 갔지요. 시골 생활을 하였지만 나의 어린 시절은 건강하지 못했습니다. 어릴 적 좋지 않던 건강은 커서도 나에게 영향을 끼치게 되었습니다. 공황이라 학교가 폐쇄되어 나는 아버지에게 가르침을 받았습니다. 아버지는 퀴즈의 달인에 나가도 될 정도의 실력자였습니다. 아버지는 라그랑주라는 수학자를 알게 되어 그에게 나를 데려갔습니다. 요즘 아이들이 연예인을 만나는 것만큼 내가 라그랑주를 만날 수 있다는 것은 큰 기쁨이었습니다. 그 당시 라그랑주는 수학자 인기 차트 10위 안에 들 정도였으니까요.

   라그랑주는 어린 나를 보며 "이 아이는 앞으로 뛰어난 수학자가 될 겁니다."라고 말했습니다. 어릴 적에 위인을 만난다는 것은 아이들에게 큰 힘이 됩니다. 그러나 나는 16세였던 1805년에 수학적 재능과는 무관한 파리 공예 학교에 입학했고, 1807년 토목 기사 학교로 전학을 갔습니다. 이때까지 나는 수학자가 될 결심을 하지 않았으므로 졸업한 후 건축 일을 하였습니다. 그렇다고 내가 수학과 완전히 담을 쌓고 산 것은 아닙니다. 틈틈이 수학을 공부하여 대응하는 면이 서로 합동인 두 개의 볼록다면체는 합동이거나 대칭이라는 것을 증명하기도 했으니까요. 내가 한 이 연구는 파리의 수학자들에게 인정을 받아 르장드르라는 수학자로부터 수학자가 되라고 권유를 받았습니다. 그래! 내가 가야 할 길은 바로 수학의 길! 그리하여 그때부터 수학자가 되기로 결심하였습니다.

나는 대칭함수와 정적분에 대한 논문을 썼습니다. 대칭함수란 몇 개의 독립변수에 관한 함수로, 독립변수들을 임의로 바꾸어도 함숫값이 변하지 않는 함수를 말합니다. 어렵다고 생각되는 분들은 대충 그렇다고 생각하세요. 깊이 들어가면 다쳐요, 하하. 정적분이란 폐구간 $[a, b]$에서 정의된 함수 $f(x)$에 대하여 구간의 폭을 한없이 작게 되도록 분할하고, 분할한 구간의 길이와 그 구간에서의 함숫값의 대푯값을 곱하여 합한 값이 항상 일정한 값에 한없이 가까워지게 될 때, 그 극한값을 이르는 말입니다. 이 부분은 나중에 함께 자세히 공부해 보도록 합시다.

그 후, 나는 많은 논문으로 과학 아카데미 회원으로 선발되었습니다. 나는 가톨릭을 믿었어요. 그리고 정치적으로는 정통 왕당파였답니다. 한국에도 여러 정당이 있지요? 이러한 나의 신조가 때로는 족쇄가 되기도 했습니다. 루이 필리프가 프랑스의 왕이 되자 그는 프랑스의 모든 정치가, 귀족, 학자 들이 자신을 향해 충성을 다하길 바랐습니다. 하지만 나는 가톨릭 신자이자 왕당파였기에 왕에게 서약할 수 없었습니다. 비록 몸은 허약했지만 생각은 제법 강직했거든요. 그에 대한 보복 조치로 나는 프랑스 내에서 어떠한 공직에도 오를 수 없었습니다. 하지만 나 자신이 믿는 길을 가야 했기에, 이탈리아로 떠났고 그곳에서 강의를 시작했습니다. 수학이 나를 간절히 원하므로 나는 수학 강의에 사명을 가지고 임했습니다.

  세월이 흘러 체코 프라하에서 지내다가 1838년에 다시 파리로 돌아갔습니다. 여우도 죽어서는 고향으로 머리를 돌린다는 말이 있지 않습니까? 하지만 파리로 돌아오자 정부는 또다시 부당한 선서를 나에게 강요하였습니다. 앞에서도 이야기했듯이 나는 한번 아니라고 생각하면 끝까지 뜻을 굽히지 않는 성격입니다. 비록 몸은 허약하지만 마음은 언제나 강직하니까요. 아마 동양 의학에서 보면 내 체질은 태양인이 아닌가 생각됩니다. 이렇듯 나는 뜻을 굽히지 않았기 때문에 조국에서 교수가 될 수 없었습니다. 그래서 서약이 필요 없는 측량국에서 일하게 되었습니다.

  또다시 시간이 흘러 세상이 바뀌게 되자, 서약 없이도 공직에 오를 수 있게 되었습니다. 그래서 나는 마침내 소르본 대학의 교수가 되었습니다. 다시 수학을 연구할 수 있어서 얼마나 기뻤는지 지금도 그 당시를 생각하면 마음이 설렌답니다. 나는 그곳에서 평생을 교수로 지냈습니다. 하루하루가 기쁨의 연속이었습니다. 이 기쁨의 연속에 힘입어 다음 시간부터 연속함수를 가르쳐 주려고 합니다. 내 삶의 모든 것이 바로 수학이었으니까요. 여러분이 나를 보고 왜 수학을 잘하냐고 묻는다면 나는 내 삶의 모든 것을 걸었기에 수학을 잘한다고 말하고 싶습니다. 여러분도 자신이 가야 할 길을 하나 정해서 평생을 바쳐 보세요. 반드시 그 꿈은 이루어질 것입니다. 행복한 삶이란 다른 게 아닙니다. 자신이 하고자 하는 일을 포기하지 않고 끊임없이 이루어 내는 것이 바로 행복한 삶입니다. 나는 평소 다작多作을 한 사람으로 유명합니다. 나의 논문은 789편입니다. 그렇다고 내 논문의 분량이 적은 것도 아닙니다. 300페이지에 달하는 논문을 일주일에 여러 개의 학회에 제출할 정도였으니까요. 얼마나 길게 썼던지 파리의 과학 아카데미는 학회지에 오는 나의 논문의 길이를 4페이지로 제한할 정도였습니다. 참 나, 쓰고 싶어 근질거리는 내 머리와 손을 인위적으로 멈추게 하다니……. 하하하.

나의 논문은 여러분이 읽기에는 많이 어려울 것입니다. 하지만 수학에 모든 것을 다 바친 사람으로서 여러분 수준에 맞게 앞으로 연속함수를 설명해 줄 것입니다. 왜? 나는 나 자신을 수학의 모든 것이라고 생각하기 때문입니다.

앞으로 나를 도와줄 과학자 한 분을 소개하겠습니다. 자, 주먹을 빙빙 뻗으며 권투 선수가 훅을 치는 자세를 취해 봅시다. 그러면 과학자 훅이 멋지게 등장할 것입니다. 과학자 훅에 대해 소개하고 첫 번째 수업으로 들어가도록 하겠습니다.

"안녕하세요? 나는 세포를 처음 발견하고 현미경을 만든 과학자 훅입니다. 앞으로 코시를 도와 여러분에게 연속함수에 대해 가르쳐 주도록 하겠습니다. 여러분과 연속함수의 정복을 위해 연속함수에 현미경을 들이대겠습니다. 그럼 첫 번째 수업에서 만나요."

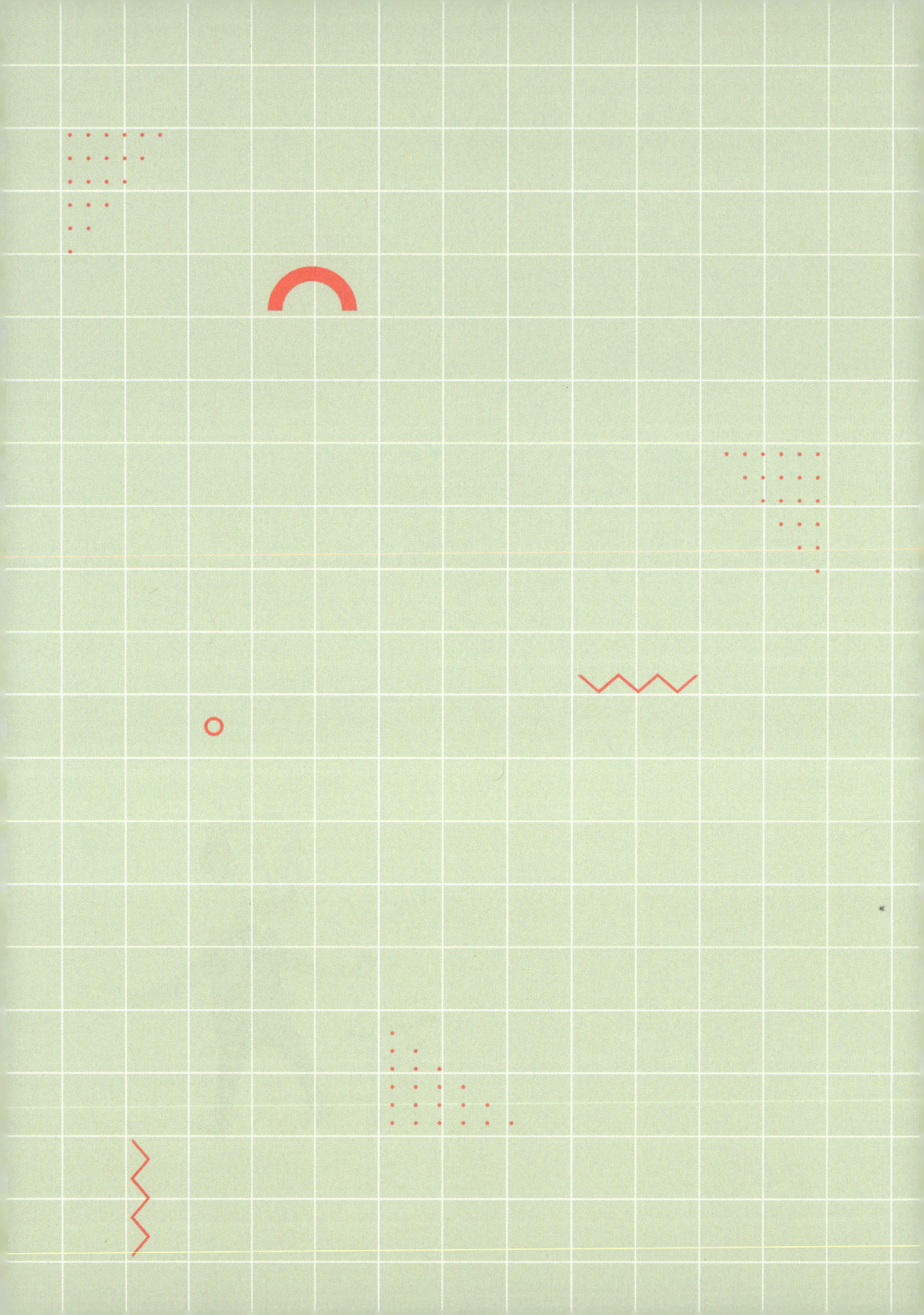

1교시

함수의 극한

함수의 극한이 무엇인지 공부해 봅니다.

수업 목표

1. 연속함수란 무엇인지 알아봅니다.
2. 함수의 극한에 대해서 공부합니다.

미리 알면 좋아요

1. **극한** 함수의 값이 어떤 값으로 가까워지거나 또는 점점 멀어지는 움직임을 나타냅니다.

2. **순서쌍** 두 원소 a, b로부터 순서를 생각하여 만든 쌍을 순서쌍이라 하고, (a, b)로 적습니다.

3. **발산** $f(x)$에서, 함숫값이 어느 일정한 수의 근방에 모이지 않고 극한에서 양 또는 음의 무한대가 되거나 진동하는 것을 말합니다.

코시의 첫 번째 수업

이제부터 연속함수에 대해 공부하도록 합니다. 더하기도 배우기 전에 곱하기를 배울 수 없듯이 모든 일에는 순서가 있기 마련입니다. 그래서 우리는 연속함수를 배우기 전에 함수의 극한에 대해 먼저 알아보도록 하겠습니다. '천 리 길도 한 걸음부터'라는 말은 다 알고 있지요? 함수의 극한을 배우기에 앞서 함수에 대해 살짝 알아보고 들어가도록 해요.

함수란 변수 x와 y 사이에 x의 값이 정해지면 따라서 y의 값도 정해진다는 관계를 말합니다. 여러 가지 표현이 있겠지만 지금은 개략적인 뜻만 알도록 합니다. 함수는 또한 좌표평면에 그려진 그림의 일종이라고도 할 수 있습니다. 그 그래프 위의 한 점은 x와 y의 좌푯값을 가지는데…….

"순서쌍이라는 것을 의미하기도 하지요. 훅훅!"

이때, 훅이 설명을 거듭니다. 마치 세포에 핵과 세포질과 세포벽이라는 구성 요소가 있듯이 말입니다. x와 y의 좌푯값으로 이루어진 점들이 일정한 모습으로 세포가 모여 개체가 되듯이 모양을 갖춘 것을 함수라고 합니다.

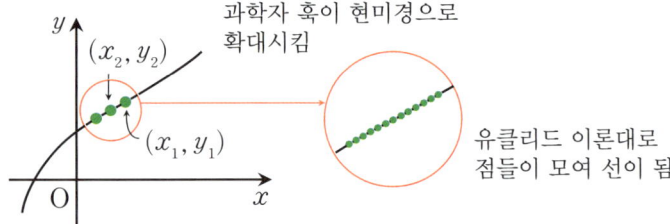

음, 고대 수학자 유클리드가 현미경으로 함수의 그래프, 즉 선을 관찰한 것은 아니지만 그의 말이 수학적으로 옳다는 것을 훅이 현미경을 통해 증명하였습니다. 대단하죠! 그런 개념을 머릿속에 넣고 다음 그림을 보세요. 함수의 극한을 설명하려고 합니다.

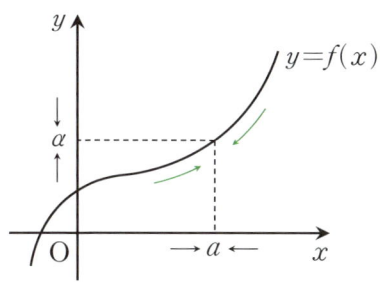

그림에 대한 설명이 없다면 학생들을 무시하는 것이므로 그림에 대한 자세한 설명을 하겠습니다. 훅 씨, 옆에서 중간중간 좀 도와주세요! 옆에 있던 과학자 훅이 주먹으로 훅_{권투에서 주먹을 뻗는 방법의 일종} 자세를 취하며 준비하네요.

그림의 오른쪽 상단의 $y=f(x)$는 함수를 나타내는 기호입니다. 알아 두세요. 함수를 기호로 나타내면 $y=f(x)$입니다. x에 대한 f라는 작용으로 나온 값 y라는 뜻이지요. 그리고 좌표평면 위에서 x가 한 점 a로 다가가는 그림이 있고 그 작용에 의해 함수의 값 y도 한 점 $α$로 다가가고 있습니다. 마치 사냥감을 향해 살금살금 다가가는 표범처럼 말입니다. 그런 후 한 가지가 더 작용합니다. 훅이 말합니다.

"생명체에서도 어떠한 세포의 작용이 다른 세포의 작용에 영

항을 미쳐 전체에 작용하듯이 말입니다."

그렇습니다. 함수에서는 두 변수 x, y가 작용됩니다. 그에 따라서 어떠한 경우 함수의 극한을 찾을 수 있습니다. 자, 이쯤에서 우리는 극한의 수학적 의미를 한번 짚어 봐야겠습니다.

함수의 극한

함수 $f(x)$에서 $x \neq a$이고 x가 한없이 a에이에 가까워질 때, $f(x)$가 일정한 값 a알파에 한없이 가까워지면 이때 함수 $f(x)$는 a에 수렴한다고 합니다. a를 $f(x)$의 극한값 또는 극한이라고 합니다.

말로만 하니까 바로 이해하기가 쉽지 않습니다. 그래서 앞의 그림을 다시 보도록 합니다. x축에 있는 화살표가 a로 가고 있습니다.

"에이가 마치 표범의 사냥감인 것처럼요."

훅이 말합니다. 영어로 말하면 ing 형태입니다. 살금살금 다가가는 '현재 진행형'이라는 뜻입니다. 그럴 때 그에 대응되는 함수의 y값도 어느 특정한 곳으로 가고 있습니다. 이때 y축을 보면 a이 기호는 영어의 a가 아니라 알파입니다. 끝이 만두를 빚어 올린 것 같습니다.는 '걸음아, 나 살려라.' 하며 달려가고 있습니다. 극한은 아주 부지런한 세포와도 같습니다. 끊임없이 달려가는 모습이 바로 극한의 진정한 모습입니다. 극한의 국어적인 뜻과 수학적인 뜻은 비슷합니다.

> **Tip 극한의 사전적 의미**
> 궁극의 한계. 즉, 사물이 진행하여 도달할 수 있는 최후의 단계나 지점.
>
> **Tip 극한의 수학적 의미**
> 어떤 양이 일정한 규칙에 따라 어떤 일정한 값에 한없이 가까워지는 일.

"목표 의식을 가지고 번식해 나가는 우리 몸의 세포와도 같은 상태죠!"
라고 훅이 말합니다. 고마워요. 후욱!

수학 개념의 완성은 기호 아니겠습니까? 이것을 기호로 나타내 보면 다음과 같습니다.

$$\lim_{x \to a} f(x) = \alpha \text{ 또는 } x \to a \text{일 때, } f(x) \to \alpha$$

서로 각자의 목표를 가지고 달려가고 있는 모습을 기호로 잘 나타낸 것 같습니다. 개인적으로 나는 앞의 식 $\lim_{x \to a} f(x) = \alpha$을 더 좋아합니다. 설명하기에는 뒤의 식 $x \to a$일 때, $f(x) \to \alpha$이 더 낫지만 기호는 간단해야 합니다. 기호를 싫어하는 사람은 둘 다 싫겠지만 컴퓨터를 잘하는 친구라면 단축키의 편리함을 잘 알고 있을 것입니다. 여러분이 싫어하는 수학의 기호도 컴퓨터의 단축키에 비유할 수 있습니다. 자주 사용하면 편리합니다. 원시인들이 휴대 전화 문자 메시지를 보낸다면 통화하는 것보다 훨씬 불편해할 것입니다. 하지만 여러분은 어떻습니까? 휴대 전화로 문자 메시지를 보내는 것이 힘드나요? 수학 기호 역시 자주 쓰고 숙달되면 아주 편해집니다. 이제부터라도 수학 기호와 친해지도록 합니다. 내가 문자 메시지를 보내기 힘들어할 때 한국의 한 학생이 친절하게 가르쳐 준 것처럼 나도 위 기호를 친절히 설명해 주겠습니다.

$$\lim_{x \to a} f(x) = \alpha$$

자, 주목해 보세요. 문자 메시지 보내는 방법을 가르쳐 준 것에 대해 고마움을 표현하기 위한 나의 정성입니다.

lim 기호는 '리미트'라고 읽어요. '림'이 아닙니다. '리미트'를 줄여서 쓴 것입니다. 이것은 극한을 의미합니다. $f(x)$는 함숫값인데 그 앞에 리미트가 붙으니 극한값이겠지요. 그리고 lim 기호 밑에 붙어 있는 화살표로 표시된 것의 뜻은 'x가 간다.'입니다. 그런데 그 x는 어디로 간다는 걸까요? 그렇죠! a로 간다는 뜻이겠지요!

이렇게 긴 말을 $x \to a$라고 쓰면 됩니다. b로 가고 싶으면 $x \to b$, 집으로 가고 싶으면 $x \to$집이라고 하면 됩니다. 하지만 극한에는 슬픈 사연이 있지요. 그곳으로 가기는 하지만 극한의 성질상 끝없이 갈 뿐이지 결코 그곳에 도달하지는 못합니다.

"우리가 신을 보고 싶어 하지만 신을 볼 수 없듯이 말입니다."

훅이 말합니다. 그렇지만 분명 어딘가에 신은 있습니다. 그래서 $\lim_{x \to a} f(x) = a$에서 극한값은 a라고 할 수 있는 것입니다. 극한의 의미를 말로 다시 표현한다면 '나는 그곳으로 가려고 합니다.'라고 할 수 있습니다. 그 마음만으로 나는 그곳에 도달하게 됩니다. 극한의 값을 가지게 된다는 것입니다. 말이 어렵지요? 이때 훅이 옆에서 도와줍니다.

"x가 a로 가는 동작은 신경 세포라고 볼 수 있습니다."

그럼 지금부터 훅의 설명을 들어 볼까요?

"x가 a로 간다고 신경 세포가 명령하면 면역 세포인 함숫값은 a알파, 발음상 아파!가 됩니다. 즉, 아픈 지역에 면역 세포가 달려가서 치료한다는 뜻입니다. 아픔을 감지한 신경 세포가 면역 세포를 a지역으로 데리고 간다는 뜻입니다."

알 듯 말 듯 한 상태에서 다시 내가 배턴을 받아 설명을 마무리 짓겠습니다. 그러니까 $x \to a$는 변수 x가 2.9, 2.99, 2.999, 2.9999, ……으로 점점 3에 다가간다면 $f(x)$의 x자리에 3을 넣어서 계산해도 되는, 즉 극한값으로 보겠다는 소리입니다.

여기서 중요한 말이 하나 탄생합니다. 훅! 빨리 전자 현미경을 여기에 들이대 보세요. 훅이 x에 전자 현미경을 들이대니 x의 값이 3에 한없이 가까워집니다. 즉, x는 3에 수렴합니다. 드디어 용어 하나가 탄생하였습니다.

수렴입니다. 수렴이란 한마디로 가까워진다는 말입니다.

나 역시 어릴 적에 한 사람에게 수렴하려고 한 적이 있습니다. 그 사람의 마음은 다른 곳으로 발산했지만 말입니다. 즉, 그 사람과 나는 잘되지 못했다는 뜻입니다. 발산에 대해서는 조금 있다가 배우도록 하겠습니다.

3에 가까이 가는 경우만 놓고 볼 때 우리는 두 가지 경우를 짐작할 수 있습니다. 짐작이 가지 않는 학생은 짐작에게 겁을 주어 가게 만드세요. 아주 음수 같은, 어두운 농담을 했습니

다, 하하. 다시 설명하겠습니다. 3에 가깝게 가는 경우는 2.9, 2.99, 2.999, 2.9999, …… 이런 경우도 있지만 3.1, 3.01, 3.001, 3.0001, …… 이렇게 가깝게 가는 경우도 있습니다. 가만히 생각해 보면 그렇지요. 하지만 두 가지 경우 다 3으로 가깝게 가고 있습니다. 그러나 분명 차이는 있습니다. 그런 미묘한 차이를 우리는 다음과 같이 구별해서 나타내도록 하겠습니다. 일단 그림을 보세요.

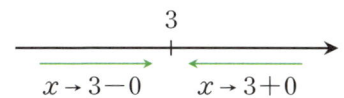

그림에서 보듯이 x의 값이 3보다 작은 값을 가지면서 3에 다가갈 때는 $x \to 3-0$으로 나타냅니다. 왼쪽에서 살금살금 접근하는 녀석을 나타내는 것이지요. 그다음, x의 값이 3보다 큰 값을 가지면서 3에 다가가는 경우에는 $x \to 3+0$으로 나타냅니다. 구별을 심하게 한다면 그렇게 구별할 수 있습니다. 살다 보면 반드시 구별하게 되는 일이 생기게 될 수 있으므로 알아 둡니다. 훅이 쉽게 풀어 주네요~!

"왼쪽에서 살금살금 다가오면 $-$가 붙고, 오른쪽에서 살금살금 다가오면 $+$가 붙습니다. 수 사이, 즉 가운데에 말이지요."

함수의 극한은, 함수의 성질을 가지고 있습니다. 언제나 x에 대한 y를 가지려고 노력하지요. 함수의 x자리에 수를 넣어 나온 y의 값을 함숫값이라고 합니다.

"그럼 함숫값과 함수의 극한값은 다른 것인가요?"

어디선가 질문이 나오는군요! 좋은 질문입니다. 그 질문 받겠습니다. 함숫값과 극한값은 같을 수도 있고 다를 수도 있습니다. 즉, 같은 점에서의 극한값과 함숫값은 다를 수도 있습니다. 여기에 대한 자세한 이야기는 뒤에서 다루기로 합니다. 함숫값과 함수의 극한값은 같을 수도 있고 다를 수도 있다는 것만 기억해 둡니다. 기억할 것은 기억해 두는 것이 수학을 잘하는 지름길이 될 수 있습니다.

함수에 상수함수라는 것이 있습니다. 모든 x의 값에 언제나 하나의 수를 가지는 함수를 말하지요. 그런 상수함수 $f(x)=c$ (c는 상수)는 모든 실수 x에 대하여 함숫값이 항상 c이므로 a의 값에 관계없이 다음이 성립합니다.

$$\lim_{x \to a} f(x) = \lim_{x \to a} c = c$$

"식만 봐서는 도통 모르겠어요."
"조금 더 쉽게 이해할 수 있는 방법은 없나요?"
과학자 훅이 투덜대는 학생들을 위해 위의 식에 대한 그림을 보여 주라고 합니다. 그림을 보세요.

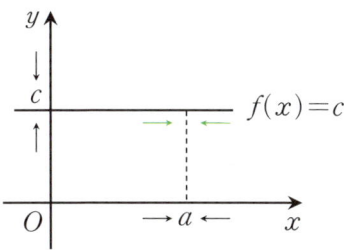

$x \to a$는 x가 $x=a$의 좌우에서 x축을 따라 a에 한없이 가까워짐을 뜻합니다. 즉, a가 어떤 값이냐에 상관없이 함숫값이 항상 c이므로 $\lim_{x \to a} f(x) = \lim_{x \to a} c = c$임을 알 수 있습니다.

어떤 함수의 극한값을 연구하기 위해 함수 $f(x) = \dfrac{x^2-1}{x-1}$이라는 개체를 등장시키겠습니다. 이 개체는 x와 y라는 구성 인자로 형성된 함수라고 과학자 훅이 과학적으로 설명을 덧붙입니다.

"$x=1$일 때, 분모가 0이 되므로 x가 1일 때는 정의되지 않는다고 이 개체의 속성을 말하고 싶군요."

따라서 $x \neq 1$인 모든 실수 x에 대하여 x가 1이 아닌 값을 취하면서 1에 한없이 가까워지면 $f(x)$는 2에 한없이 가까워짐을 알 수 있습니다. 훅과 나는 학생들을 위해서 위 개체의 생체 지도를 보여 주기로 했습니다.

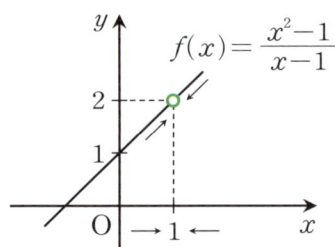

좌표평면 위에 그려진 $f(x)=\dfrac{x^2-1}{x-1}$의 유전자 지도를 잘 보았나요? 그럼 식으로 나타내 보도록 하지요.

$$\lim_{x \to 1} \frac{x^2-1}{x-1} = 2 \text{ 또는 } x \to 1\text{일 때}, \frac{x^2-1}{x-1} \to 2$$

"마치 화학 구조식처럼 복잡하군요."

훅이 말합니다. 식이 두 개로 나타나서 복잡하게 보이지만 앞으로는 $\lim\limits_{x \to 1} \dfrac{x^2-1}{x-1} = 2$라는 식 한 가지만 다루겠습니다. 다음 두 가지 함수의 극한값에 대한 문제를 풀고 이번 수업을 마치도록 하겠습니다.

쏙쏙 문제 풀기

극한값 $\lim\limits_{x \to 1}(x^2+2)$를 구해 봅시다.

풀이

$x \to 1$일 때 $x^2 \to 1$이므로, $x^2+2 \to 1+2$

$\therefore \lim_{x \to 1}(x^2+2)=1+2=3$

어떤 학생이 $f(x)=x^2+2$에 대하여 $\lim_{x \to 1}f(x)=3$이고 $f(1)=3$이니까 $\lim_{x \to 1}f(x)$와 $f(1)$이 완전히 같은 것이 아니냐고 묻지만 그것은 의미상의 차이가 있습니다. 결과가 같다고 해서 모두 같다고 보면 안 되지요. 이때 훅이 나를 도와줍니다.

"어떤 두 사람이 동시에 배가 아프다고 해서 똑같은 세균이 침투했다고만 할 수는 없지요."

좋은 비유를 들어 주었습니다. 배가 아프다는 결과는 같아도 다른 세균이 원인이 될 수 있다는 뜻입니다. 물론 같은 세균일 수도 있지만……. 이처럼 함숫값과 함수의 극한값에는 보이지 않는 미묘한 차이가 있습니다.

이제는 위에서 예를 들었던 $\lim_{x \to 1}\dfrac{x^2-1}{x-1}$의 극한값을 구해 보도록 하겠습니다. 물론 아까 답을 이야기했지만 푸는 과정을 알려 주지 않았습니다. 이제 자세히 보여 주겠습니다.

코시의 첫 번째 수업

이 식의 $f(1)$의 함숫값을 알아보려고 $f(x)=\dfrac{x^2-1}{x-1}$의 x자리에 1을 대입시켜 보려고 했지만, 함수 $f(x)=\dfrac{x^2-1}{x-1}$은 $x=1$에서 정의되지 않습니다. x가 1이라면 분모가 0이 되어 머리가 띵한 경우가 생기기 때문입니다. 그래서 $x\neq 1$일 때, 함수 $f(x)=\dfrac{x^2-1}{x-1}=\dfrac{(x+1)(x-1)}{x-1}=x+1$분자 지역을 인수분해 하였습니다. 이므로 x가 1이 아닌 값을 취하면서 1에 한없이 가까워지면 그에 대한 함숫값 $f(x)$는 2에 한없이 가까워집니다. 즉, 이 함수의 극한값은 2가 됩니다.

위의 계산 과정에서 다루어진 사고 과정을 살펴 보면, $x\to 1$이라는 것은 $x\neq 1$ 즉, $x-1\neq 0$이므로 분자, 분모를 각각

$(x-1)$로 나눈 것이라 할 수 있습니다.

학생들을 이해시키기가 어려웠던지 훅은 훅훅 숨을 고릅니다. 나도 '후유' 하고 한숨을 쉬며 이번 시간을 마칩니다.

수업정리

❶ 함수
변수 x와 y 사이에 x의 값이 정해지면 따라서 y값이 정해진다는 관계를 말합니다.

❷ 상수함수
모든 x의 값에 언제나 하나의 수를 가지는 함수를 말합니다. 그런 상수함수 $f(x)=c$(c는 상수)는 모든 실수 x에 대하여 함숫값이 항상 c이므로 a의 값에 관계없이 다음이 성립합니다.
$$\lim_{x \to a} f(x) = \lim_{x \to a} c = c$$

❸ 함수의 극한
함수 $f(x)$에서 $x \neq a$이고 x가 한없이 a에이에 가까워질 때, $f(x)$가 일정한 값 α알파에 한없이 가까워지면 이때, 함수 $f(x)$는 α에 수렴한다고 합니다. 이때 α를 $f(x)$의 극한값 또는 극한이라고 합니다.

2교시

함수의 발산

함수의 발산에 대하여 공부하고
그래프를 통해 이해하도록 합니다.

수업 목표

1. 함수의 발산에 대해 알아봅니다.
2. 함수의 발산을 그래프를 통하여 이해하도록 합니다.

미리 알면 좋아요

1. **무한대** 수학에서 무한대는 어떤 실수나 자연수보다도 더 큰 상태를 뜻합니다.

2. **극한** 접근 개념을 바탕으로 하는 수학적인 개념.

3. **이차함수** 함수를 나타내는 식이 이차식인 함수로 다음과 같은 형태를 가집니다. $y = ax^2 + bx + c \ (a \neq 0)$

코시의
두 번째 수업

 이번 시간에는 함수의 발산에 대해 공부하도록 합니다.
 <mark>함수의 발산</mark>이란 함수 $f(x)$에서, 함숫값이 어느 일정한 수의 근방에 모이지 않고 극한에서 양 또는 음의 무한대가 되거나 진동하는 것을 말합니다. 그렇다면 무한대란 무슨 말일까요?
 '끝없이 나아간다.'라는 뜻입니다. 쉽게 이야기하면, x에 에너지인 숫자를 계속 투입했을 때, y의 값이 한없이 커진다고 보면 됩니다.

이때, 훅이 마치 암세포와 같은 녀석이라며 함수의 발산을 노려봅니다.

"암세포 역시 우리 세포의 돌연변이로 우리가 섭취한 영양분을 먹고 끝없이 번식하며 커져 가지요."

이런 함수의 발산을 막아 봅시다.

함수 $f(x)=\dfrac{1}{x^2}$의 그래프에서 $x \to 0$일 때, $f(x)$의 값은 어떻게 변할까요? 이 변화의 과정을 살펴보면서 우리는 함수의 발산을 알게 될 것입니다. 일단 다음의 그림을 하나 보면서 발산에 대해 이해해 봅시다.

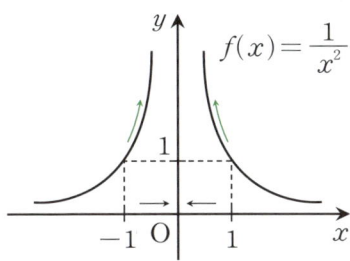

그림을 빤히 쳐다보면 x가 가운데의 0으로 다가갈 때 함수의 값이 한없이 커지는 것을 볼 수 있습니다. 즉, x가 0으로 사정없이 돌진할 때 $f(x)=\dfrac{1}{x^2}$의 값도 한없이 커집니다.

"마치 손오공이 가진 여의봉처럼 계속해서 늘어나는군요."

훅은 암세포처럼 번식하며 커지는 것 같다고 화를 냅니다. 이것을 기호로 나타내 보겠습니다.

$$x \to 0 \text{일 때}, f(x) \to \infty$$

다른 기호는 웬만큼 알겠는데 '∞' 기호의 등장에 깜짝 놀랐지요? ∞는 무한대를 나타내는 기호입니다. 즉, $f(x)$의 값이 무한대로 커진다는 뜻입니다.

따라서 $x=0$에서 $f(x)=\dfrac{1}{x^2}$의 극한값은 존재하지 않습니다.
"끝을 알 수 있어야 극한값을 말하든지 말든지 하지요."

훅이 투정을 부리는군요. 앞에서도 이야기했듯이 극한의 값이 무한대로 나아가면 극한값을 구할 수 없고 그러한 경우를 발산이라 한다고 했습니다. 갑자기 지나가던 아이가 "무한대로 발사!"라고 하면서 저쪽으로 뛰어갑니다.

일반적으로, 함수 $f(x)$에서 x의 값이 a에 한없이 가까워질 때 $f(x)$의 값이 양의 값으로 한없이 커지면 $x \to a$일 때 $f(x)$는 양의 무한대로 발산한다고 하며 다음과 같이 나타내기로 합니다.

$$x \to a 일 때, f(x) \to \infty \ 또는 \ \lim_{x \to a} f(x) = \infty$$

세상은 밝음이 있으면 항상 어두움도 존재합니다. 그래서 이번에는 음의 무한대로 발산하는 경우를 알아보겠습니다. 이것은 음수 쪽으로 무한대로 작아지는 함숫값을 말합니다. 일단 그래프를 그려 놓고 시작하도록 합니다.

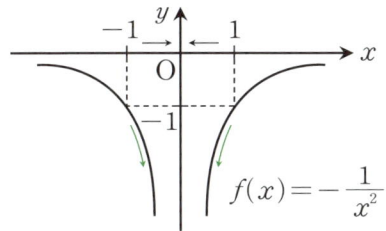

그래프에서 x의 값이 0에 한없이 가까워지면 $f(x)$의 값은 음수이면서 그 절댓값이 한없이 커짐을 알 수 있습니다. 아래로 점점 떨어지는 그림을 보면 알겠지요? x의 값이 a에 한없이 가까워질 때, $f(x)$의 값이 음이고 그 절댓값이 한없이 커지면 $f(x)$는 음의 무한대로 발산한다고 합니다. 다음과 같이 나타내면 좋지요.

$$x \to a \text{일 때}, f(x) \to -\infty \text{ 또는 } \lim_{x \to a} f(x) = -\infty$$

위의 예를 한번 정리해 봅시다.

$$\lim_{x \to 0} \frac{1}{x^2} = \infty, \lim_{x \to 0} \left(-\frac{1}{x^2}\right) = -\infty$$

훅과 나는 전자 현미경을 준비하고 문제를 관찰합니다. 그 식은 극한값을 구하는 문제입니다.

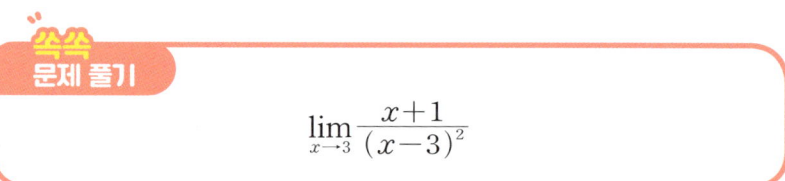

$$\lim_{x \to 3} \frac{x+1}{(x-3)^2}$$

$x \to 3$일 때, (분모)$\to 0$이 되고 (분자)$\to 4$가 되어 $\frac{4}{0}$의 꼴이 만들어집니다. 이렇게 분모가 0이 되고 분자에는 0이 아닌 수가 존재하는 꼴을 가질 때 우리는 극한값이 존재하지 않는다고 말할 수 있습니다. 그리고 이것의 결과를 $\lim\limits_{x \to 3} \dfrac{x+1}{(x-3)^2} = \infty$로 나타낼 수 있습니다.

지금까지 양의 무한대인 경우를 알아보았는데 음의 무한대인 경우가 섭섭하게 생각할 것 같군요. 자, 그러면 음의 무한대인 경우도 알아볼까요?

> **쏙쏙 문제 풀기**
>
> $\lim\limits_{x \to -1} \dfrac{-5}{(x+1)^2}$의 함수의 극한은 무엇일까요?

"lim가 있는 것을 보니 극한값을 구하라는 뜻인 것 같아요."

일단, $f(x) = \dfrac{-5}{(x+1)^2}$라고 두겠습니다. 이것은 함수에서 출발하겠다는 뜻입니다. x의 값이 -1에 한없이 가까워지면 분모는 0에 가까워지므로 $f(x)$의 값은 음수이면서 그 절댓값이 한없이 커짐을 알 수 있습니다. 분모가 0에 가까워져 한없이 작아지고 분자가 음의 값을 가지므로 $\lim\limits_{x \to -1} \dfrac{-5}{(x+1)^2} = -\infty$는 음의 무한대로 나아가는 것입니다. 무한대의 끝은 없습니다. 우주의 끝을 무한대라고 합니다. 이 문제는 수학의 무한이라고 볼 수 있습니다. 수의 성질을 보면 자연수의 끝도 무한대라는 것을 알 수 있습니다. $\lim\limits_{x \to -1} \dfrac{-5}{(x+1)^2} = -\infty$를 이해하기 위해서는 그림이 많은 도움이 될 것입니다. 다음 그림을 보세요.

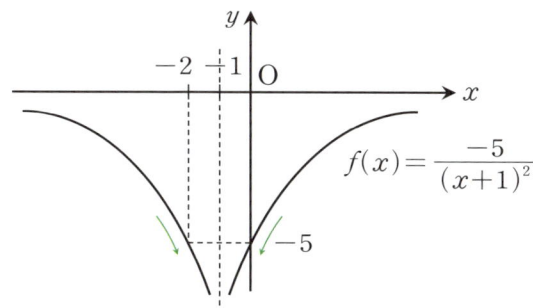

x축을 보면 화살표가 두 군데에서 -1로 가지요. 그냥 가면 되는데 나중에 배울 수학 교과서에는 이렇게 가는 것을 한없이 간다고 합니다. 우리도 미리 '한없이'라는 것을 배워 둡시다. 그럴 때 그림은 아래로 그려져 있고 y축에서 판단하기로는 음의 무한대로 나가게 됩니다. 나는 무한대로 빠져드는 함수의 극한을 보면 우주의 블랙홀이 생각납니다. 스티븐 호킹의 '블랙홀 이론'을 과학자 시리즈를 통해 읽어 보세요. 무한대를 공부하는 데 도움이 될 겁니다.

이제까지 x가 일정한 값으로 갈 때, 함수 $f(x)$가 무한대양의 무한대, 음의 무한대로 한없이 가는 것을 배웠습니다. 지금부터는 x가 무한대로 가면 함수가 어떤 결과를 가져오는지 알아보겠습니다. 그 역시 함수의 극한값이라고 할 수 있습니다.

$x \to \infty$일 때 함수 $f(x)$의 극한을 알아보겠습니다.

"아하! 이제는 반대 상황이 벌어지는 것입니다. 과연 $f(x)$가 어떻게 나올지 좀 궁금하군요."

훅이 말합니다. 예를 들어서 생각해 볼까요?

$x \to \infty$일 때, $f(x) = \dfrac{1}{x}$의 값은 어떤 값에 가까워질까요?

lim를 이용한 극한값을 알아보면 됩니다. 급하게 갈 것 없습니다. 차근차근 알아보도록 합니다. $f(x) = \dfrac{1}{x}$입니다. 그를 반비례함수라고 부르기도 합니다. 혹은 다른 말로 '분수함수'라고 부르기도 하지요. 뭐든 간에 그 함수의 그림, 즉 그래프를 좌표평면 위에 김홍도라는 조선 화가의 붓 터치로 그려 보겠습니다.

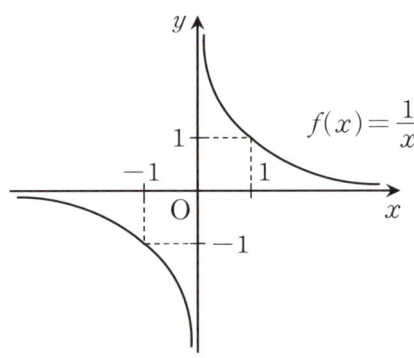

반비례함수는 나란히 있는 철사를 손으로 움켜쥔 것 같이 철사가 안으로 들어간 모습입니다. 이 그림을 보면 $x \to \infty$일 때, $f(x) = \dfrac{1}{x}$의 값은 0에 한없이 가까워집니다. x축에서 x의 값을 오른쪽으로 끝없이 보내면 반비례함수의 그림은 $y=0$의 값에 아주 가까이 접근하고 있습니다. 이때 훅이 가까이 접근하면서 x축과 붙은 것은 아닌지 전자 현미경으로 관찰합니다. 훅은 말합니다.

"우아~ 놀라워. 아주 아슬아슬하지만 결코 그림은 x축에 붙지 않았어요."

또 $x \to -\infty$일 때도 $f(x) = \dfrac{1}{x}$의 값은 0에 한없이 가까워집니다. 이때도 훅은 혹시 x축에 붙은 것은 아닐까 하고 고성능 전자 현미경을 그림에 대 보았지만 역시나 그림은 붙지 않았습니다.

왼쪽 그림의 반비례함수에서는 $\lim\limits_{x \to \infty} \dfrac{1}{x} = 0$, $\lim\limits_{x \to -\infty} \dfrac{1}{x} = 0$의 그림이 제1사분면과 제3사분면에 세트로 있으므로 $\lim\limits_{x \to \infty} \dfrac{1}{x} = 0$, $\lim\limits_{x \to -\infty} \dfrac{1}{x} = 0$이라는 결과를 가져온 것입니다. 함수는 역시 그림을 그려서 생각하는 것이 좋아요.

 x의 값이 양수면서 절댓값이 한없이 커지는 것을 기호로 $x \to \infty$, x의 값이 음수면서 절댓값이 한없이 커지는 것을 기호로 $x \to -\infty$와 같이 나타냅니다. 슬슬 문제를 보면서 이 친구들에 대한 감각을 길러 볼까요?

 다음 함수의 극한을 조사해 보도록 하지요.

쏙쏙 이해하기

(1) $f(x)$에서 $x \to \infty$일 때, $f(x)$의 값이 일정한 값 a알파에 한없이 가까워지면 $f(x)$는 a에 수렴한다고 하고, 이때 a를 $x \to \infty$일 때 $f(x)$의 극한값이라고 합니다.

$$x \to \infty \text{일 때, } f(x) \to a \text{ 또는 } \lim_{x \to \infty} f(x) = a$$

(2) $f(x)$에서 $x \to -\infty$일 때, $f(x)$의 값이 일정한 값 a알파에 한없이 가까워지면 $f(x)$는 a에 수렴한다고 하고, 이때 a를 $x \to -\infty$일 때 $f(x)$의 극한값이라고 합니다.

$$x \to -\infty \text{일 때, } f(x) \to a \text{ 또는 } \lim_{x \to -\infty} f(x) = a$$

쏙쏙 문제 풀기

$$\lim_{x \to \infty}(x^2 + 2)$$

lim가 나오면 lim 옆에 붙어 있는 함수를 먼저 쳐다보세요. 사람을 만나면 그의 눈을 들여다보듯이 우리도 극한의 모습에서 함수를 먼저 보도록 합니다. $x^2 + 2$가 함수입니다. 그래서 그 녀석을 $f(x) = x^2 + 2$로 나타내고 그림을 그려 보세요. 도화지 위에 그리는 것이 아닙니다. 함수는 좌표평면 위에 그려야만 제맛이 납니다.

코시의 두 번째 수업

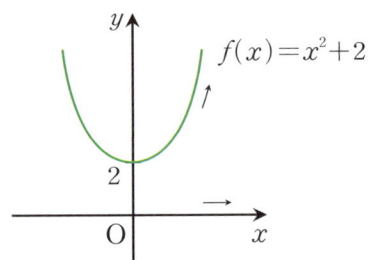

이 문제는 이차함수의 그림을 그릴 수 있어야 합니다. 이차함수는 《디리클레가 들려주는 함수 이야기》에 자세히 나와 있으니 참고하세요. x의 값이 한없이 커질 때, $f(x)$의 값이 한없이 커지므로 $\lim_{x \to \infty}(x^2+2) = \infty$가 됩니다. 그림을 다시 보세요. 그래프의 오른쪽 화살표가 하늘 높은 줄 모르고 솟아 오르고 있지요.

그러면 화살표의 기능에 대해 정리를 좀 하겠습니다.

쏙쏙 이해하기

- $x \to a$: x가 a에 한없이 가까워진다는 뜻.
- $x \to \infty$: x의 값이 양수이면서 그 절댓값이 한없이 커진다는 뜻.
- $x \to -\infty$: x의 값이 음수이면서 그 절댓값이 한없이 커진다는 뜻.

갑자기 훅이 나에게 ∞에 대해 정확하게 말해 달라고 합니다. ∞무한대란 일정한 값을 가지는 수가 아니라 계속해서 커지는 상태를 의미합니다. 이제야 훅이 고개를 끄덕입니다.

다음 극한값을 구해 보도록 합니다.

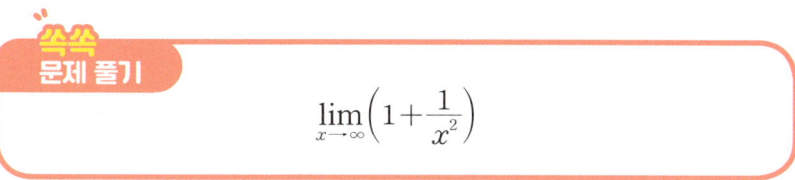

$$\lim_{x \to \infty}\left(1 + \frac{1}{x^2}\right)$$

함수의 모습이 좀 화려해졌습니다. 어디 외출하려나 봅니다. 하지만 외출하기 전에 우리가 극한값을 구해 보겠습니다. x가 한없이 커질 때 $1 + \frac{1}{x^2}$이 어떤 값을 가지는지 알아보면 됩니다. 함수 $f(x) = 1 + \frac{1}{x^2}$의 그래프를 그려서 알아봐야지요.

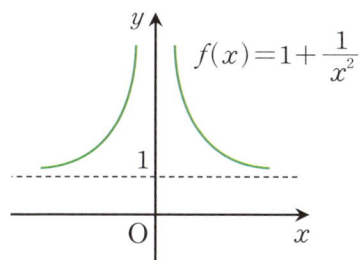

앞의 그래프에서 x의 값이 ∞로 갈 때, $f(x)$의 값은 점근선인 $y=1$에 한없이 가까이 가는 것을 알 수 있어요. 그러므로 $\lim_{x \to \infty}\left(1+\frac{1}{x^2}\right)=1$입니다. 훅이 다시 나에게 세포벽보다 예리한 질문을 합니다.

"코시! $f(x)=1+\frac{1}{x^2}$의 그래프를 어떻게 그리지요?"

나는 속으로 뜨끔했습니다. 이런 질문이 나올까 봐 두려워했거든요. 사실 $f(x)=1+\frac{1}{x^2}$의 그래프를 그리기란 그렇게 쉬운 일이 아닙니다. 하지만 함수의 속성을 알고 있으면 가능합니다. 함수는 x에 대응된 y의 값들로 이루어져 있습니다. 그래서 나는 표를 만들어 보여 줄까 합니다.

……	-2	-1	……	1	2	……
……	$\frac{5}{4}$	2	……	2	$\frac{5}{4}$	……

앗! 내가 대충 표를 그리다 보니 위 칸은 x의 값들이고 아래 칸은 y의 값들입니다. y의 값은 $f(x)=1+\frac{1}{x^2}$이라는 식에 x의 값을 대입한 결과입니다. 그 점들을 연결하면 $f(x)=1+\frac{1}{x^2}$의 그래프가 나옵니다. 반드시 좌표평면에 그려야 합니다. 함수 그

림이 싫은 학생을 위해서 계산식으로 풀어 보고 마치겠습니다. 둘 다 알고 있으면 좋아요!

$$\lim_{x \to \infty}\left(1+\frac{1}{x^2}\right)=\lim_{x \to \infty}1+\lim_{x \to \infty}\frac{1}{x^2}=1+0=1$$

이렇게 계산식으로 풀어도 됩니다. 대단히 수고 많았어요. 다음 시간에 만나요!

수업정리

❶ 함수의 발산이란 함수 $f(x)$에서, 함숫값이 어느 일정한 수의 근방에 모이지 않고 극한에서 양 또는 음의 무한대가 되거나 진동하는 상태를 말합니다. 즉, '끝없이 나아간다.'라는 뜻입니다.

❷ 함수 $f(x)$에서 x의 값이 a에 한없이 가까워질 때,
- $f(x)$의 값이 양의 값으로 한없이 커지면 $f(x)$는 양의 무한대로 발산합니다.

  $x \to a$일 때, $f(x) \to \infty$ 또는 $\lim_{x \to a} f(x) = \infty$

- $f(x)$의 값이 음의 값으로 한없이 작아지면 $f(x)$는 음의 무한대로 발산합니다.

  $x \to a$일 때, $f(x) \to -\infty$ 또는 $\lim_{x \to a} f(x) = -\infty$

❸ x의 값이 양수이면서 절댓값이 한없이 커지는 것을 기호로 $x \to \infty$, x의 값이 음수이면서 절댓값이 한없이 커지는 것을 기호로 $x \to -\infty$와 같이 나타냅니다.

좌극한과 우극한

3교시

좌극한과 우극한이 무엇인지 알아보고
그래프를 통해 이해해 봅시다.

수업 목표

1. 좌극한과 우극한의 개념을 알아봅니다.
2. 좌극한과 우극한의 개념을 이해할 수 있는 그래프를 알아봅니다.

미리 알면 좋아요

1. **절댓값** 수학에서 절댓값이란, 실수 a에 수직선 위의 한 점이 대응되었을 때 대응점과 원점 사이의 거리를 말합니다. 즉, 어떤 실수에서 부호를 제거한 값을 말합니다. 예를 들어, 3과 -3의 절댓값은 둘 다 3이 됩니다.

2. **극한값** 수학에서 극한이란 말은, 함수의 값이 어떠한 값으로 가까워지거나, 또는 점점 멀어지는 움직임을 나타냅니다. 이와 같은 개념은 미분과 연속을 정의하는 데 필요합니다. 즉, 함수 $f(x)$에서 x가 일정한 값 a에 한없이 가까워지면 $f(x)$도 일정한 값 a알파에 가까워질 때 a를 이르는 말입니다.

코시의 세 번째 수업

여기 그림을 한 장 들고 왔습니다. 그 그림을 뚫어져라 쳐다봅니다. 선 중간이 뚫어졌습니다.

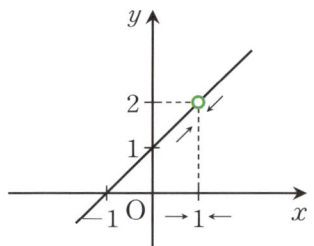

"어랏, 왜 그래프 중간에 구멍이 나 있지요?"

훅이 고개를 갸웃거리며 물어봅니다. 그림을 다시 한번 잘 살펴볼까요? 그림에서 보면 x가 1보다 작은 값을 가지면서 1에 한없이 가까워질 때, $f(x)$는 2에 한없이 가까워집니다. 이것을 기호로 나타내 보겠습니다.

$$\lim_{x \to 1-0} f(x) = 2$$

기호를 유심히 살펴보던 훅이 또 질문합니다.

"1 옆에 붙어 있는 −0은 무엇인가요?"

아, 그것은 앞에서도 살짝 이야기했듯이 1의 왼쪽에서 살금살금 접근해 온다는 표시입니다. 그래서 이때 2를 $x=1$일 때의 함수 $f(x)$의 좌극한 또는 좌극한값이라고 합니다.

좌극한의 상대적인 개념은 우극한입니다. 우극한에 대해 알아봅니다. $x > 1$이면서 $x \to 1$일 때, $f(x) \to 2$임을 알 수 있는데 이것을 기호로 나타내면 다음과 같습니다.

$$\lim_{x \to 1+0} f(x) = 2$$

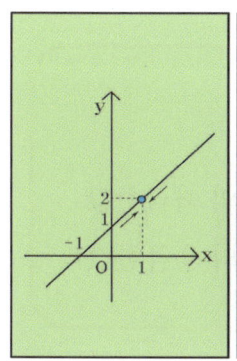

 여기서 2는 $x=1$일 때의 함수 $f(x)$의 우극한 또는 우극한값이라고 합니다. 즉, x가 a보다 작은 값을 가지면서 a에 한없이 가까워지는 것을 $x \to a-0$으로 나타내고, a보다 큰 값을 가지면서 a에 한없이 가까워지는 것을 $x \to a+0$으로 나타냅니다. 대개 $x=a$에서의 $f(x)$의 좌극한값과 우극한값은 다음과 같이 정의합니다.

좌극한값, 우극한값

- $\lim_{x \to a-0} f(x) = p$ 일 때, p는 $x=a$에서 $f(x)$의 좌극한값
- $\lim_{x \to a+0} f(x) = q$ 일 때, q는 $x=a$에서 $f(x)$의 우극한값

그러면 다음 기호의 표현을 한번 정리해 볼까요?

$$x \to a-0 \text{일 때}, x < a$$
$$x \to a+0 \text{일 때}, x > a$$

다시 말해, x가 a보다 작을 때의 $f(x)$값은 왼쪽에서 달려드는 좌극한이 되고, x가 a보다 클 때의 $f(x)$값은 오른쪽에서 달려드는 우극한이 된다는 뜻입니다.

부등호를 이용한 표현을 알아 두면 모의고사 시험 문제를 해결하는 데 도움이 됩니다. 먼 미래의 일이라고 생각하는 사람도 있겠지만 반드시 미래는 다가오게 되어 있습니다.

좌극한, 우극한에 도움이 될 만한 함수를 소개해 주겠습니다. 한때는 좌극한, 우극한에서 정말 인기를 끌었던 친구입니다. 지금은 지나간 교과서에서 향수를 즐기며 살고 있지만 오늘 나는 그 친구를 과감히 불러냅니다. 보시죠!

바로 함수 $f(x) = \dfrac{x}{|x|}(x \neq 0)$입니다. 인사들 하세요. 오래간 만입니다. 그간 뭐 하고 지냈습니까? 많이 보고 싶었습니다! 함수 $f(x) = \dfrac{x}{|x|}(x \neq 0)$도 기뻐합니다. 모든 것이 만나면 반갑습니다. 그래서 나는 $f(x) = \dfrac{x}{|x|}(x \neq 0)$를 좌표평면으로 데려가 사진을 한 장 찍어 주려고 합니다. 기념으로 말입니다. 그런데 말이죠, 여러분 실력으로는 이 함수 친구를 찍을 수가 없습니다. 왜 찍을 수가 없을까요? 그 이유를 가르쳐 주겠습니다. 자, 이 함수의 분모를 보세요. 절댓값 기호 | |가 보이지요? 이 친구는 부등식을 이용해야 찍을 수가 있습니다. 자, 고도의 기술을 보여 주겠습니다.

$$x > 0 \text{이면 } \dfrac{x}{|x|} = \dfrac{x}{x} = 1$$

내가 어떻게 분모의 절댓값을 벗겨 냈는지 알겠습니까? x가 양수라는 조건, 즉 $x > 0$를 이용하면 절댓값은 그냥 벗겨집니다. 그다음을 봅시다.

$$x<0 \text{이면} \frac{x}{|x|}=\frac{x}{-x}=-1$$

앗! 잘 돌아가던 머리가 여기서 멍해집니까? 절댓값 안이 음수이면 문자 x는 마이너스($-$)를 달고 나옵니다. 문자는 양수의 속성도, 음수의 속성도 짐작할 수 없습니다. 단지 우리가 정해 주기 나름입니다. 우리가 음수라고 정하였기에 그는 음수로 나온 것입니다. 김춘수의 〈꽃〉이라는 시에는 우리가 꽃이라고 불러 주었기에 꽃은 우리에게 꽃으로 다가왔다는 내용이 있습니다. 절댓값의 성질 역시 우리가 x나 문자의 범위를 지정해 주기 나름입니다. 그런데 공부를 좀 한다는 친구들은 한 가지 의문을 가지게 될 것입니다. 절댓값 기호가 붙으면 다 양수화한다고 학교에서 배웠는데 왜 갑자기 음수, 마이너스($-$)가 나온 것일까요? 그 이유는 식을 다시 보면서 이야기하도록 합니다.

$x<0$이면 $\frac{x}{|x|}=\frac{x}{-x}=-1$의 x에 특정수를 찾아 식에 넣어 보겠습니다. x가 0보다 작다고 했으니 x를 -1이라고 해요. 그리고 그것을 $-x$에 대입시켜 보세요. $-(-1)=1$로 양수화되지요. 양수화 시키기 위해서 x 앞에 —마이너스를 붙여 놓은 것입니다. 자, 여기서 생각을 중단합니다. 이해가 안 되는 학생들

은 너무 깊게 생각하지 마세요. 머리가 아플 수도 있으니까 간단히 살펴보고 넘어갑니다.

함숫값을 정리해 보면 다음과 같습니다.

$$f(x) = \begin{cases} 1 & (x>0) \\ -1 & (x<0) \end{cases}$$

이것의 그래프는 다음의 그림과 같습니다.

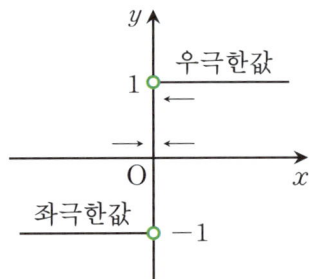

이때, x가 양의 값을 취하면서 0에 한없이 가까워지면 $f(x) \to 1$이고, x가 음의 값을 취하면서 0에 한없이 가까워지면 $f(x) \to -1$임을 알 수 있습니다.

가만히 보니 좌극한의 값과 우극한의 값이 다릅니다. 즉, $\lim\limits_{x \to +0} f(x) = 1$, $\lim\limits_{x \to -0} f(x) = -1$입니다. 1, -1은 각각 $x=0$에

서의 $f(x)$의 우극한, 좌극한입니다.

여기서 표현에 대한 문제를 잠시 짚고 넘어가 볼까 합니다. 극한의 기호 표현에서 $\lim_{x \to 0+0} f(x) = \lim_{x \to +0} f(x)$와 같습니다. 그리고 $\lim_{x \to 0-0} f(x) = \lim_{x \to -0} f(x)$와 같습니다. 수렴하는 x축의 지점이 0일 때만 특수하게 간단히 표현해도 됩니다. 표현은 그렇다고 하고 위처럼 좌극한값과 우극한값이 다르면 우리는 '극한값이 존재하지 않는다.'라고 합니다.

자, 그러면 '극한값이 존재하지 않는다?'에 대해 알아보도록 합니다. 존재하지 않음을 이해하려면 존재함부터 알고 넘어가야 합니다. 세상의 이치가 그렇습니다. 좌극한값과 우극한값이 일치할 때에 한해서 극한값 $\lim_{x \to a} f(x)$가 존재합니다. 좌극한값과 우극한값이 일치함을 노래한 가수가 있습니다. 예전에 활동했던 쥬얼리라는 그룹의 노래 〈One More Time원 모어 타임〉의 춤을 보면 두 손가락 끝을 일치시키는 부분이 있는데 이것은 사실, 좌극한값과 우극한값이 일치함을 보여 주는 장면입니다.

코시의 세 번째 수업

즉, $\lim_{x \to a+0} f(x) = \lim_{x \to a-0} f(x)$이면 극한값 $\lim_{x \to a} f(x)$가 존재하고, $\lim_{x \to a+0} f(x) \neq \lim_{x \to a-0} f(x)$이면 극한값 $\lim_{x \to a} f(x)$가 존재하지 않습니다.

좌극한과 우극한을 따로 계산해야 하는 경우가 있습니다. 대부분의 경우 극한값 문제는 항상 (좌극한값)=(우극한값)이므로 따로 구할 필요가 없습니다. 하지만 분수함수, 절댓값을 포함하는 함수, 가우스함수 등의 경우에는 좌극한과 우극한이 같지 않은 경우가 있으므로 따로 계산해야 합니다. 자, 유명한 수학자인 가우스가 나왔습니다. 그래서 가우스함수에 대해서 조금 이야기하도록 합니다.

가우스함수를 나타내는 기호는 대괄호 기호를 사용합니다. $[x]$는 x보다 크지 않은 최대정수를 나타냅니다. 가우스는 정수 개념을 아주 좋아했습니다. 계산 방법으로는 소수점 이하를 버립니다.단, 양수일 경우에만! 냉정하죠? 그것을 기호로 나타내면 어떻게 될까요? $n \leq x < n+1$일 때, $[x]=n$이라고 할 수 있습니다. 예를 들어 보면 $[2.3]$은 2가 됩니다. 양수일 때는 소수점 이하를 버리면 되거든요. 간단하죠?

분수함수, 절댓값 기호를 포함한 함수, 가우스함수 등의 함수는 그래프를 그려 보면 좌극한값과 우극한값이 다르다는 것을 쉽게 파악할 수 있습니다. 쉽게 파악할 수 있다는 말을 하니 좀 미안한 감이 드네요. 그래프 그리는 것이 쉬운 일은 아닌데 말이죠. 그래프만 그려 보면 쉽게 알 수 있다는 말로 바꾸도록 하겠습니다. 이티 춤처럼 일치하는지를 보면 된다는 뜻입니다.

이쯤 되니 훅과 나는 그래프를 그려서 좌극한과 우극한이 일치하지 않는 그래프를 그려 볼 수밖에 없는 처지라는 것을 느끼게 되었습니다. 미안한 감이 들지만 우리가 이겨 내야 할 부분이라서 문제 하나를 예로 들어 보겠습니다.

앞에서 가우스라는 말을 다룬 김에 가우스함수를 알아보겠습니다. 가우스함수는 모든 정수에서 좌극한값과 우극한값이 다른 함수입니다. 가우스함수가 들어 있는 극한을 조사하겠습니다. $[x]$는 x보다 크지 않는 최대정수라는 것을 기억해 두세요.

$$\lim_{x \to 2} [x]$$

$0 \leq x < 1$이면 $f(x) = [x] = 0$

$1 \leq x < 2$이면 $f(x) = [x] = 1$

$2 \leq x < 3$이면 $f(x) = [x] = 2$

⋮　　　　　⋮

식만 보아도 머리가 띵~ 하죠? 위 식을 그림으로 나타내도록 하겠습니다. 이해하는 데 조금 도움이 될 것입니다.

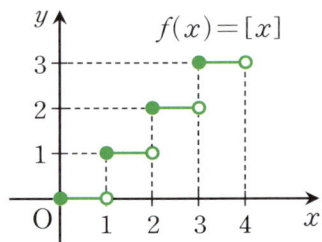

설명을 다시 조금 더 하자면 0.×××는 다 0이 되고 1.×××는 다 1이 된다는 것입니다. 앞에서도 이야기했듯이 $[x]$는 x보다 크지 않은 최대정수라는 뜻입니다. 한마디로 양의 정수일 경우에 소수점 이하는 버린다는 뜻이기도 합니다. 그래서 우극한값은 $\lim_{x \to 2+0} [x] = 2$입니다. 그림에서 손으로 짚어 보며 찾아보세요. 그리고 $\lim_{x \to 2-0} [x] = 1$입니다. 역시 그래프에서 손으로 짚어 보며 찾아보세요. 1보다 크거나 같고 2보다 작은 지역의 x 범위에 대응하는 함수의 값은 1로 가게 됩니다. 불쌍한 친구입니다. 기껏 움직여서 2로는 가지 못하고 1로 다시 끌려가다니 말입니다. 하지만 여기서 중요한 것은 그게 아닙니다. 중요한 것은 좌극한값과 우극한값이 다르다는 사실입니다. 따라서 $\lim_{x \to 2} [x]$의 극한값은 없습니다. 좌극한값과 우극한값이 같아야 극한값을 가지거든요.

이제 극한값이 존재하는 경우를 알아보도록 하겠습니다. 함수 $y=f(x)$의 그래프가 다섯 개나 있습니다. 이 중에서 $\lim_{x \to 1} f(x)$가 존재하는 친구를 찾아보도록 하겠습니다. 모두 자기가 극한값이 존재한다고 주장하면서 차례로 나섭니다.

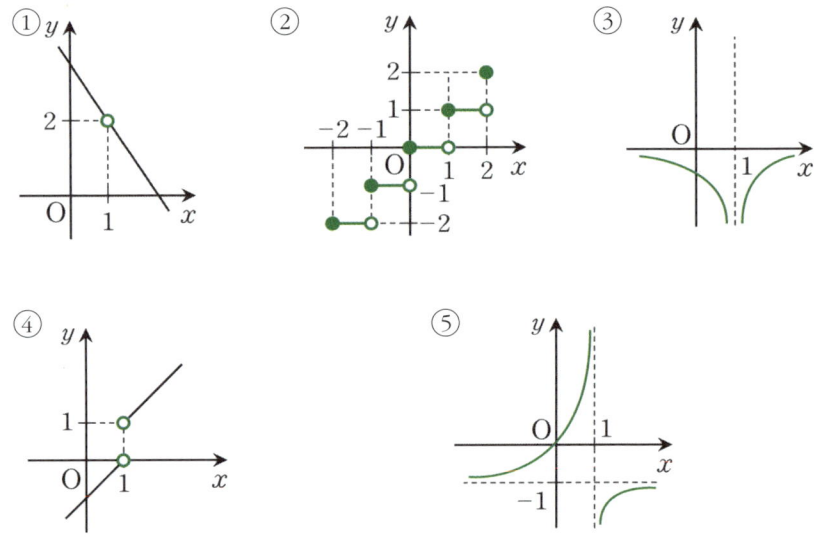

다들 자신이 최고라며 자랑합니다. 우리가 보기에는 다 별로 인데 말입니다. 하지만 이 중에는 분명히 극한값이 존재하는 것이 있습니다. 기존의 방식을 벗어나기 위해 우리는 ⑤번부터 거꾸로 증명해 나가도록 할 것입니다.

⑤번 그림에서 기준을 1로 보고 그림을 살펴보세요. 양쪽에서 갈라진 그림이 x축의 1로 올라갈수록 음의 무한대와 양의 무한대로 뻗어 나가고 있지요. 끝없이 커가는 것을 뭐라고 한다고 했나요? 그렇습니다. 발산한다고 말했습니다. 기억이 안 나면 지금이라도 기억해 둡시다. 무한대로 가는 것을 발산한다

고 합니다. 그래서 ⑤번을 식으로 정리하면 다음과 같습니다.

$$\lim_{x \to 1-0} f(x) = \infty, \ \lim_{x \to 1+0} f(x) = -\infty$$

왼쪽에서 올 때는 양의 무한대로, 오른쪽에서 올 때는 음의 무한대로 갑니다. 그리고 발산하는 경우는 극한값이 존재하지 않는다고 합니다. 역순으로 ④번 풀이 갑니다. 식으로 먼저 나타내 보고 말로 설명하겠습니다.

$$\lim_{x \to 1-0} f(x) = 0, \ \lim_{x \to 1+0} f(x) = 1$$

왼쪽에서 살금살금 다가올 때와 오른쪽에서 살금살금 다가올 때의 결과가 다르죠? 그래서 이 경우도 극한값이 존재하지 않습니다. 즉, 좌극한과 우극한이 다르면 극한값이 존재하지 않는다는 말입니다.

자, 이제 식으로 마무리해 볼까요?

$$\lim_{x \to 1-0} f(x) \ne \lim_{x \to 1+0} f(x)$$

이제 제법 내공이 쌓였죠? 이제 그림만 봐도 짐작이 갈 것입니다. ③번 그림은 음의 무한대로 발산하므로 극한값이 존재하지 않는 경우입니다. 식으로 나타내지 않으면 수학이 짜증을 낼지 모르므로 식으로 나타내도록 합니다.

$$\lim_{x \to 1-0} f(x) = -\infty, \ \lim_{x \to 1+0} f(x) = -\infty$$

②번의 풀이 과정에 들어가면서 왜 내가 거꾸로 풀이했는지 짐작한 친구들도 있을 것입니다. 답이 앞쪽에 있으니 처음부터 정답을 찾게 되면 분명 학생들은 다음 문제가 왜 그런지를 따지지도 않고 넘어가 버립니다. 그래서 내 짧은 생각으로 풀이를 뒤부터 한 것입니다

"코시! 정말 멍청하네요. 보기 배치를 반대로 하면 되지요."

훅이 나를 비웃는군요.

가우스함수는 앞에서 설명할 때 좌극한과 우극한의 값이 달라서 극한값이 존재하지 않는다고 말했습니다. 보너스로 ②번 풀이는 식으로 보여 주지 않겠습니다. 이제까지 정답이 없었으므로 당연히 ①번이 정답이 될 것 같습니다. 아니, ①번도 아니

라서 정답이 없을 수도 있으니 끝까지 설명을 들어 봅시다. 그림으로 판단하는 게 빠르다고 생각한 훅이 그림을 살펴보며,

"이것은 극한값이 1에서 존재하……."

까지 말하다가 멈칫합니다. 훅이 왜 말하다가 멈칫했는지 나는 짐작했습니다. 여러분은 왜 그랬는지 알겠나요?

그림을 다시 보면 (1, 2) 지점에 누가 뚫었는지 구멍이 뻥 뚫

려 있습니다. 하지만 우리는 함수의 극한에 대한 성질을 알고 있습니다. 함숫값이 존재하지 않더라도 함수의 극한값은 존재할 수 있습니다. 왜냐하면 함수의 극한값은 다가가고 있는 상태에서 그 함수의 값을 말하는 것이기 때문입니다.

$x=1$의 왼쪽에서 다가가면 함수의 값은 어디로 다가가나요? 그렇습니다. 그림이 아래로 점점 내려오며 2에 다가갑니다. 그리고 1의 오른쪽에서 점점 다가오면 그래프는 아래에서 위로, 즉 2의 위치로 점점 다가갑니다. 그래서 $\lim_{x \to 1-0} f(x) = \lim_{x \to 1+0} f(x) = 2$입니다. 따라서 $\lim_{x \to 1} f(x) = 2$로 이것이 정답입니다. 즉, 함숫값이 존재하지 않아도 극한값은 존재할 수 있습니다.

이번 시간도 대단히 수고했습니다. 우리가 고등학교의 고학년 과정을 공부한다는 자부심을 가져도 좋습니다.

수업정리

❶ $\lim_{x \to a+0} f(x) = \lim_{x \to a-0} f(x)$이면 극한값 $\lim_{x \to a} f(x)$가 존재하고, $\lim_{x \to a+0} f(x) \neq \lim_{x \to a-0} f(x)$이면 극한값 $\lim_{x \to a} f(x)$가 존재하지 않습니다.

❷ x가 a보다 작은 값을 가지면서 a에 한없이 가까워지는 것을 $x \to a-0$으로, x가 a보다 큰 값을 가지면서 a에 한없이 가까워지는 것을 $x \to a+0$으로 나타냅니다.

4교시

함수의 극한에 대한 성질

수열과 함수의 극한에 대해 알아보고
그 성질을 공부합니다.

수업 목표

1. 수열의 극한에 대해 알아봅니다.
2. 함수의 극한에 대해 알아봅니다.
3. 함수의 극한에 대한 성질을 공부합니다.

미리 알면 좋아요

1. **수열** 일정한 규칙에 따라서 수가 나열되어 있는 것을 말합니다. 즉, 자연수 1, 2, 3, ……, n, ……의 각각에 $a_1, a_2, a_3, ……, a_n, ……$의 수를 하나씩 대응시켜서 만든 수의 배열입니다. 수열은 $a_1, a_2, a_3, ……, a_n, ……$ 또는 $a_n(n=1, 2, 3, ……)$ 또는 $\{a_n\}$ 등으로 나타냅니다.

2. **다항함수** 항이 여러 개인 함수.

3. **삼각비** 직각삼각형의 세 변 가운데에서 어느 두 변을 취하여 만든 비의 값. sin사인, cos코사인, tan탄젠트, sec시컨트, cosec코시컨트, cotan코탄젠트가 있습니다.

4. **삼투압 작용** 식물 뿌리에서 물이 흡수되는 가장 기본적인 원리는 삼투압 작용입니다. 물은 항상 농도가 낮은 쪽에서 높은 쪽으로 이동하므로 농도가 같아질 때까지 계속해서 이동하게 됩니다. 이 원리에 의해서 뿌리 밖의 물이 뿌리 세포 안으로 흡수되는데, 만약 뿌리 세포 안의 농도보다 뿌리 밖의 농도가 더 높다면 물은 반대로 세포 밖으로 빠져나가게 됩니다.

코시의
네 번째 수업

　내가 함수의 극한에도 성질이 있다고 하자 훅과 아이들은 놀라는 눈치입니다. 그들은 함수의 극한이 착한 성질일까, 나쁜 성질일까, 배우는 동안 그의 까칠한 성질이 나와서 자신들을 괴롭히는 것은 아닐까 걱정하는 눈치입니다. 그래서 나는 함수의 극한에 대한 성질은 사람이나 짐승과 같은 그런 성질을 말하는 것은 아니라고 안심을 시킵니다. 하지만 이 단원을 배우지 않고 함수의 극한을 배운다면 큰 낭패를 볼 수도 있습니다. 함수의 극한을 바로 이해하려면 그의 성질을 잘 알고 있어야 합니다. 수능에서도 자주 출제되는 단원입니다. 함수의 극한의 성질을 배워 보도록 합니다.

함수의 극한에 관한 기본 성질을 알기 위해서는 그의 아버지 격인 수열의 극한을 좀 알아보면 쉽습니다. 자식이 부모를 빼닮듯이 함수의 극한의 성질은 수열의 극한과 비슷합니다.

수열의 극한에 대한 예를 들어 알아보겠습니다. 두 수열 $\left\{1+\dfrac{3}{n}\right\}$과 $\left\{\dfrac{5n-1}{3n+1}\right\}$의 극한값을 구해 보겠습니다. 수열을 집합으로 나타내는 이유는 수열이 수의 집합이기 때문입니다. 읽는 방법을 살펴봅니다. $\left\{1+\dfrac{3}{n}\right\}$의 n 자리에 차례로 1, 2, 3, 4, ……을 대입시키면 그 수열이 차례로 모습을 드러냅니다.

$$1+\dfrac{3}{1},\ 1+\dfrac{3}{2},\ 1+\dfrac{3}{3},\ 1+\dfrac{3}{4},\ \cdots\cdots$$

수학은 길게 나타내는 것보다는 되도록이면 짧게 나타내고자 하는 성질이 있습니다. 그래서 집합 기호를 사용하기도 합니다. 수열 $\left\{1+\dfrac{3}{n}\right\}$의 극한값은 어떻게 될까요? 만약 위에서 표현한대로 끝까지 쓴다면 그 끝은 어디일까요? 끝을 알기 위해서 우리가 있는 힘을 다해 계속하여 쓴다면 그 끝을 보기도 전에 우리는 죽음을 맞이하게 될 것입니다. 그래서 우리를 살리기 위한 기호가 등장합니다. 그 이름은 바로 lim, 즉 극한입니다.

lim. 하지만 아무리 좋은 리미트도 사용법을 모르면 아무 소용이 없습니다. 극한에 관한 기본 성질이 있다고 앞에서 말했습니다. 개와 고양이가 싸우는 이유는 그들의 언어가 다르기 때문입니다. 우리가 극한과 극한 대립을 하지 않기 위해서는 극한의 언어를 배워야 합니다. 그게 바로 극한의 성질인 것입니다.

실전에 들어갑니다. 언어는 실제로 생활하면서 배우는 게 효과적이듯이 문제를 풀면서 극한의 성질을 알아봅시다.

수열 $\left\{1+\dfrac{3}{n}\right\}$의 극한값은 $\lim\limits_{n\to\infty}\left(1+\dfrac{3}{n}\right)$으로 나타낼 수 있습니다. lim를 걸어 버리는 것이 바로 극한을 만드는 일입니다. lim 밑에 보면 n이 무한대로 간다고 화살표를 이용하여 나타냈습니다. $n\to\infty$을 보면 윙— 하는 기계음이 들리면서 극한이 작동하는 소리가 들립니까? 들려야 수업에 몰두한 것입니다.

$$\lim_{n\to\infty}\left(1+\dfrac{3}{n}\right)=1+3\lim_{n\to\infty}\dfrac{1}{n}=1+3\times 0=1$$

알 듯 말 듯 합니다. 우리가 알아야 할 극한의 변신입니다. 극한의 변신 중 하나인 $\lim_{n\to\infty}\dfrac{1}{n}=0$이란 사실입니다. 사고 개념으로 생각을 조금 더 덧붙이면 $\dfrac{1}{n}$에서 n이 무한대로 커질 때 $\dfrac{1}{234567893456781\cdots\cdots}$이라는 이 수는 거의 0에 가깝게 갑니다. 극한에서 가깝게 간다는 개념은 그 결과를 목표에 두고 생각한다는 뜻입니다. 다시 말해, 그곳으로 가고 있다는 의미입니다. 그래서 $\dfrac{1}{n}$의 극한값은 0입니다. 0으로 가고 있는데······.

극한이란 그곳이 아니라 내가 그곳으로 가려고 할 때 나의 목표가 그곳이라는 뜻입니다. 수학자들은 때론 철학적이기도 합니다. 위 문제를 풀면서 또 하나 알 수 있는 점은 $\lim_{n\to\infty}1=1$이라는 사실! 1은 언제나 그 자리에서 1입니다. 당연한 것 같아도 쓰임새는 있습니다. 자주 등장하거든요.

하나만 더 알아보도록 합니다. 수열의 극한에서 우리는 함수의 극한의 성질을 찾을 수 있습니다. $\left\{\dfrac{5n-1}{3n+1}\right\}$이라는 수열의 극한을 찾아봅니다. 극한을 찾기 위한 기호 lim를 걸어 봅니다. 이 수열의 계산은 약간의 작전이 필요합니다. 분모의 n으로 분수 형태의 네 군데 항을 나누어 줍니다.

$$\lim_{n \to \infty} \frac{5n-1}{3n+1} = \lim_{n \to \infty} \frac{5 - \dfrac{1}{n}}{3 + \dfrac{1}{n}}$$

이제 lim가 네 군데 다 달라붙습니다. lim가 흡수되는 과정을 보세요. 혹은 이것을 리미트의 '삼투압 작용'이라고 합니다. 한마디로 스며드는 것이라고도 볼 수 있습니다.

$$\frac{\lim\limits_{n\to\infty} 5 - \lim\limits_{n\to\infty}\frac{1}{n}}{\lim\limits_{n\to\infty} 3 + \lim\limits_{n\to\infty}\frac{1}{n}}$$

구석구석에 lim가 스며들었죠? $\lim\limits_{n\to\infty} 5 = 5$입니다. 그래서 계산해 보면 $\frac{5-0}{3+0} = \frac{5}{3}$입니다. 위와 같이 수열의 극한값을 계산하는 것처럼 함수의 극한값도 계산할 수 있습니다. 부모와 자식의 성질이 비슷하듯이 함수의 극한에 대한 성질도 같습니다.

이 정도 이야기를 깔아 두고 함수의 극한에 관한 기본 성질을 알아보도록 합니다. 하지만 이 성질에 대한 증명은 상당히 까칠하므로 고등학교의 교과 과정을 벗어난다고 합니다. 그래서 우리도 증명은 하지 않겠습니다. 지구가 둥근 것이 당연한 것처럼 증명하지 않기로 하고 소개하겠습니다. 증명하지 않는다는 말에 훅과 지금 주변에 있는 몇 명의 학생은 안도의 한숨을 쉽니다. 앗! 그런데 이도 안 닦고 안도의 한숨을 쉰 친구는 누구입니까? 성질이 나서 증명하려다가 훅이 말려서 참습니다.

함수의 극한에 관한 기본 성질의 출발은 다음과 같습니다.

$\lim\limits_{n\to a} f(x) = \alpha$, $\lim\limits_{n\to a} g(x) = \beta$ (α, β는 일정)라면 함수 $f(x)$,

$g(x)$가 각각 $α, β$로 수렴할 때, 다음의 성질을 알 수 있습니다. 자, ①번 성질부터 덤벼 봐! $\lim_{x \to a} kf(x)$가 나타났습니다. 녀석은 k라는 상수를 데리고 왔습니다. 나는 녀석을 향해 말했습니다. k, 너 앞으로 나와! 다치고 싶지 않다면! 잠시 주춤한 k는 앞으로 나왔습니다. $k \lim_{x \to a} f(x)$. 드디어 나는 $\lim_{x \to a} f(x) = α$라고 녀석을 설득하기 시작했습니다. 처음에 녀석은 많이 망설였습니다. 나는 설득 심리학자이기도 하지요. 그래서 나는 그의 마음속으로 들어가 설득하기 시작했습니다. x가 a로 다가갈 때 $f(x)$의 마음은 $α$알파로 다가간다고 말입니다. 마침내 녀석은 설득당했습니다. 보세요.

$$\lim_{x \to a} kf(x) = k \lim_{x \to a} f(x) = kα$$

$kα$로 녀석은 설득당했습니다. 훅은 나의 설득 심리 기술에 감탄합니다. 하하하! 감탄까지야……. 앞으로 세 번 더 설득할 것입니다. 놀라기는 아직 이르지요.

내게 대항하기 위해 이번에는 두 녀석이 함께 힘을 합하여 덤빕니다.

$$\lim_{x \to a} \{f(x) \pm g(x)\}$$

녀석의 가운데 기호는 더하기와 빼기를 한꺼번에 나타낸 것입니다. 별거 아닙니다. 현란한 기술에 속을 우리가 아닙니다. 이런 경우는 긴장할 것 없이 lim를 두 군데 걸어 버리면 됩니다.

$$\lim_{x \to a} \{f(x) \pm g(x)\} = \lim_{x \to a} f(x) \pm \lim_{x \to a} g(x) = \alpha \pm \beta$$

두 번째 녀석도 나에게 꼼짝없이 당했습니다. 어딜 가나 얍삽한 녀석은 있습니다. 여러분 학교에도 그런 녀석은 있지요. lim에도 그런 녀석은 있습니다. 보통 사람은 극한 상황을 극복하면 좀 좋아지는데 그런 상황에서도 얍삽함을 잃지 않는 녀석이 있습니다. 그런 녀석을 만나 봅니다.

$\lim_{x \to a} f(x) \cdot g(x)$. 이 녀석은 뭐야! 녀석의 중간에 있는 것은 더하기도 빼기도 아닌, 점입니다. 점은 곱하기를 나타냅니다. 우리가 깜빡 속을 수도 있으니 조심하세요. 녀석의 얕은 꾀입니다. 하지만 우리는 그대로 lim를 두 군데 걸면 됩니다.

$$\lim_{x \to a} f(x) \cdot g(x) = \lim_{x \to a} f(x) \cdot \lim_{x \to a} g(x) = \alpha\beta$$

나중에 나는 점을 과감하게 감추어 버렸습니다. 점은 알파와 베타 사이에 숨겨져 있습니다. 혹이 α알파와 β베타 사이에 전자 현미경을 들이댑니다. 보세요! 곱하기가 살아 있을 겁니다.

$$\alpha\beta = \alpha \times \beta$$

이제 곱하기를 다루었으니 나누기 형태를 다룰 차례입니다. $\lim\limits_{x \to a} \dfrac{f(x)}{g(x)}$와 같은 모습은 마치 디지몬이 진화한 것 같은 기분이 듭니다. 하지만 lim의 공격도 만만한 것은 아니랍니다. $f(x)$

코시의 네 번째 수업

와 $g(x)$에 바로 달라붙어 공격할 수 있습니다. 보세요, 그들의 공격성을!

$$\frac{\lim_{x \to a} f(x)}{\lim_{x \to a} g(x)} = \frac{\alpha}{\beta} \,(\text{단}, \beta \neq 0, g(x) \neq 0)$$

아 참, 친구의 이름을 소개하지 않았네요. 이런 결례가 있나요. α는? 알파라고 부릅니다. 양파도 아니고 아파도 아닙니다. 알파입니다. β는? 베타입니다. "꼭꼭 씹어!"가 아니라 "씹던 것을 뱉어!" 할 때 베타입니다.

위의 함수 극한의 성질은 $x \to a$를 $x \to a-0$, $x \to a+0$, $x \to \infty$, $x \to -\infty$로 바꾸어도 성립합니다. 예를 들어 보면서 녀석들의 성질을 다시 익혀 보겠습니다. 이때 훅이 학생들을 위한 비법을 하나 보여 주려고 합니다. 다항함수의 극한값입니다.

$f(x)$가 다항함수일 때, $\lim_{x \to a} f(x) = f(a)$입니다. lim 밑에 화살표의 표적인 a가 $f(x)$의 x자리에 쏘옥 들어가고 lim는 사라지는 기술입니다. 많이 쓰이니까 훅의 당부대로 잘 기억하고 있어야 합니다. 훅 정말 고마워요.

자, 이제 예를 들어 익히는 시간입니다. $\lim_{x \to 2} 2x^2$을 배운 대로 풀어 봅니다. x랑 상관없는 2는 앞으로 빼냅니다. 여기서 2는 상수입니다. 하하, 상수는 어딜 가나 찬밥 신세인 것 같습니다. 상수도 한때는 잘나갔습니다. 초등학교 때의 일이지만요.

$$\lim_{x \to 2} 2x^2 = 2\lim_{x \to 2} x^2 = 2\lim_{x \to 2} x \lim_{x \to 2} x = 2 \cdot 2 \cdot 2 = 8$$

나도 곱하기는 점을 사용합니다. 곱하기 기호보다는 점이 조금 더 편합니다. 그다음을 봅니다.

$$\lim_{x \to 1}(3x^2 - x + 2) = 3\lim_{x \to 1} x^2 - \lim_{x \to 1} x + \lim_{x \to 1} 2 = 3 - 1 + 2 = 4$$

"리미트는 다항식의 혈액을 따라 움직이는 면역 세포 같습니다. 곳곳에 나타나서 녀석들을 상대하니 말입니다."

과학자 훅이 들려주는 표현입니다.

$$\lim_{x \to 2} \frac{x^2}{x+2}$$

분수 형태의 극한에 관한 것입니다. 앞에서 말했듯이 lim는 혈액을 따라가지 못하는 곳이 없는 면역 세포입니다. 일명 암을 죽이는 NK 세포라고 할 수 있습니다. 〈과학자가 들려주는 과학 이야기〉 시리즈를 읽어 보세요.

$$\lim_{x \to 2} \frac{x^2}{x+2} = \frac{\lim_{x \to 2} x^2}{\lim_{x \to 2}(x+2)}$$

자, 여기서 앞에서 말한 훅의 비법이 적용됩니다. 면역 세포인 2가 x자리에 들어가서 녀석을 처리합니다. 그 장면을 전자 현미경에 담아 봤습니다.

$$\lim_{x \to a} f(x) = f(a) \qquad \lim_{x \to 2} x^2 = 2^2 = 4$$
$$\lim_{x \to a} f(x) = f(a) \qquad \lim_{x \to 2} (x+2) = 2+2 = 4$$

전자 현미경이 x자리에 2가 들어가서 계산…… 아니, 암을 잡아먹는 장면을 보았습니다. 그래서 결과는 다음과 같습니다.

$$\frac{\lim_{x \to 2} x^2}{\lim_{x \to 2}(x+2)} = \frac{4}{4} = 1$$

이제 함수의 극한의 대소 관계를 알아보고 이 시간도 좀 정리하려고 합니다. 함수의 극한은 수열의 극한에서와 같이 대소 관계를 가집니다. a에 가까운 모든 x의 값에 대하여 다음과 같은 성질이 나타납니다.

$$f(x) \leq g(x) \text{이고} \lim_{x \to a} f(x) = \alpha, \lim_{x \to a} g(x) = \beta \text{이면} \alpha \leq \beta$$

어떻게 보면 당연한 소리 같지만 알아 두면 좋아요. 다음의 정리를 활용해서 문제를 하나 풀어 봅시다.

$$f(x) \leq g(x) \leq h(x) \text{이고} \lim_{x \to a} f(x) = \lim_{x \to a} h(x) = \alpha \text{이면}$$
$$\lim_{x \to a} g(x) = \alpha$$

두 번째 관계를 보면, 좌우에서 옳다고 주장하는 경우에 가운데 끼어 있는 사람은 어쩔 수 없이 따라간다는 심리적 작용이 적용된 것 같습니다. 이것 역시 증명 없이 그냥 가도록 합니다. 하지만 이 관계를 이용하여 풀 수 있는 함수의 극한의 대소 관계에 대한 문제를 하나 다루도록 합니다.

쏙쏙 문제 풀기

$$\lim_{x \to \infty} \frac{\sin x}{x}$$

　우리 학생들은 sin사인, cos코사인, tan탄젠트만 나오면 기겁합니다. 사실 훅도 애들을 별로 좋아하지 않아요. 일단 이름만 알아 두세요. 이 친구들을 만났을 때 이름은 불러 주어야 하니까요. 위 문제에서는 sin사인이 등장하였습니다. sin 하나만 처리합니다. 다른 것은 다음에 하고 말입니다. 먼저 sin의 활동 범위를 알아야 합니다. 수학에서 활동 범위, 즉 범위는 부등호를 써서 나타냅니다. sin의 범위는 $-1 \leq \sin x \leq 1$입니다. 친구의 범위를 알았으니 서서히 공격에 들어갑니다. lim 아래를 살펴보니 $x \to \infty$이므로 $x > 0$이라고 생각할 수 있습니다. 그리고 그 친구의 전체 모습을 봅니다. $\frac{\sin x}{x}$의 분자의 범위를 알게 되었습니다. 앞에서 sin의 범위가 바로 분자의 범위입니다. $-1 \leq \sin x \leq 1$을 이용하여 만들어 나가겠습니다. 부등식의 성질을 이용하여 양변에 똑같이 x로 나누어 줍니다.

$$-\frac{1}{x} \leq \frac{\sin x}{x} \leq \frac{1}{x}$$

여기서 생각을 잘하거나 아니면, 기억을 잘해야 합니다. 그것은 바로 $\lim\limits_{x \to \infty}\left(-\frac{1}{x}\right)=0$, $\lim\limits_{x \to \infty}\frac{1}{x}=0$입니다. 앞에서 배운 것도 있고 아닌 것도 있지만 잘 생각해 보면 이해가 갈 것입니다. 분모가 엄청나게 커지면 0에 가까이 가고 그 상태의 극한값은 0이 됩니다. 양쪽에서 극한의 값이 0이 되므로 가운데 있는 $\lim\limits_{x \to \infty}\frac{\sin x}{x}$는 자동으로 0이 됩니다. 그래서 $\lim\limits_{x \to \infty}\frac{\sin x}{x}=0$입니다.

어느덧 시간이 흘러 마칠 시간입니다. 다음 수업에서 만나요.

수업 정리

❶ 극한에서 가깝게 간다는 개념은 그 결과를 목표에 두고 생각한다는 뜻입니다. 다시 말해 그곳으로 가고 있다는 의미입니다.

❷ 함수의 극한의 성질에서 $\lim_{x \to a} f(x) = \alpha$, $\lim_{x \to a} g(x) = \beta$ (α, β는 일정)일 때, 다음과 같은 식이 성립합니다.

① $\lim_{x \to a} kf(x) = k \lim_{x \to a} f(x) = k\alpha$

② $\lim_{x \to a} f(x) \pm \lim_{x \to a} g(x) = \alpha \pm \beta$

③ $\lim_{x \to a} f(x) \cdot g(x) = \lim_{x \to a} f(x) \cdot \lim_{x \to a} g(x) = \alpha\beta$

④ $\dfrac{\lim_{x \to a} f(x)}{\lim_{x \to a} g(x)} = \dfrac{\alpha}{\beta}$ (단, $\beta \neq 0, g(x) \neq 0$)

❸ $f(x) \leq g(x) \leq h(x)$ 이고 $\lim_{x \to a} f(x) = \lim_{x \to a} h(x) = \alpha$ 이면 $\lim_{x \to a} g(x) = \alpha$

5교시

함수의 극한값을 구하는 방법

함수의 극한값은 어떻게 구할까요?

수업 목표

함수의 극한값을 구하는 방법에 대해 공부합니다.

미리 알면 좋아요

1. **무리식** 무리수가 들어 있는 대수식.

2. **인수분해** 정수 또는 정식분모나 근호 속에 문자를 포함하고 있지 않은 식을 몇 개의 간단한 인수의 곱의 꼴로 바꾸어 나타내는 일.

3. **계수** 기호 문자와 숫자로 된 식에서, 숫자를 기호 문자에 대하여 이르는 말. 예를 들어 $3x^2+5x+7$에서 x^2의 계수인 3, x의 계수인 5, 상수항인 7을 말합니다.

코시의 다섯 번째 수업

훅과 나는 한 통의 편지를 받고 고민하고 있습니다. 함수의 극한값이 위기에 빠져서 그를 구하는 방법을 연구해야 합니다.

우리는 현재까지 학생들을 위해 어떻게 하면 재미있게 이 어려운 함수의 극한을 알려 줄까 고민하고 있었습니다. 그런데 갑자기 살려 달라는 요청을 받았습니다. 함수의 극한값으로부터 말입니다. 나와 훅은 결심했습니다. 함수의 극한값을 구해 내기로…… 하지만 여러분의 힘도 필요합니다. 도와주세요!

　함수의 극한값을 구하러 가기 전에 우리는 약간의 트레이닝을 해야 합니다. 여러분도 같이 익혀 보세요. 그래야 나중에 위기 상황에서도 힘을 합하여 잘 극복하게 될 것입니다. 이 단원은 여러분과 함께해 나갈 것입니다. 그렇다면 다항함수의 극한값을 구할 때 기본이 되는 것은 무엇일까요?

$f(x)$가 다항함수일 때, $\lim_{x \to a} f(x) = f(a)$에서 lim 밑에 있는 a를 $f(x)$의 x자리에 밀어 넣으면 됩니다. 연습, 즉 트레이닝을 좀 해 봅시다.

$$\lim_{x \to 1} (x^2 + 3x - 2)$$

$\lim_{x \to a} f(x) = f(a)$이므로 $f(x) = x^2 + 3x - 2$라고 할 때, $x^2 + 3x - 2$의 x자리에 1을 대입하여 계산합니다. 그러면 $\lim_{x \to 1} f(x) = f(1)$이므로, $f(1) = 1^2 + 3 \times 1 - 2 = 2$가 됩니다.

하나 더 해 봅시다. 여러분의 수학 근육을 기르기 위한 작업입니다.

$$\lim_{x \to 2} \frac{x^2}{x+2}$$

똑같은 순서로 하면 됩니다. x자리에 2를 대입합니다. 2로 다가간다는 것은 거의 2를 의미한다고 보면 됩니다. 아니, 2라고 생각하세요. 무한의 개념과 그것을 인정하기로 합의를 봤습니다.

$$\lim_{x \to 2} \frac{x^2}{x+2} = \frac{\lim_{x \to 2} x^2}{\lim_{x \to 2} (x+2)} = \frac{2^2}{2+2} = \frac{4}{4} = 1$$

훅이 웃으면서 말합니다.

"lim는 마치 암세포처럼 분모, 분자에 달라붙어 계산을 해내는군요."

이제 드디어 이상한 병에 걸린 함수들의 극한값을 구해 보도록 하겠습니다. 자, 우리가 검사할 녀석을 보세요.

$$\lim_{x \to 2} \frac{x^3 - 8}{x^2 - 4}$$

보기에는 멀쩡해 보입니다. 일단 기존의 방식으로 접근해 봅니다. 분모의 x자리에 2를 대입해 봅니다. 분모가 0이 됩니다. 앞에서 배운 $\lim_{x \to a} f(x) = f(a)$라는 방법은 분모가 0이 아닌 분수함수일 때 사용하는 방법입니다. 약간의 호흡 곤란을 느끼며 분자에도 2를 대입하여 봅니다.

$$x^3 - 8 = 2^3 - 8 = 0$$

앗, 분모도 0이고 분자도 0이 되었습니다. 나는 이 사실을 부정하고 싶습니다. 그래서 우리는 이런 꼴을 부정형이라고 말합니다. 하지만 '부정하다'의 부정과 '부정 꼴'의 부정은 한자어로 의미가 다릅니다. 내가 '부정하고 싶다'의 부정否定은 '거절'의 의미이고 '부정 꼴'의 부정不定은 '정할 수 없다'는 의미입니다.

훅과 나는 이런 부정형의 극한값을 알아보도록 합니다. 때로는 인수분해라는 어려운 수술도 하게 될 것입니다. 실력 있는 간호사가 필요하겠네요. 한편, $x \to a$, $x \to \infty$ 또는 $x \to -\infty$일 때 $f(x)$의 극한이 다음과 같은 형태를 가지고 있으면 우리는 부정형인 경우라고 합니다.

$$\frac{0}{0}, \frac{\infty}{\infty}, \infty - \infty, 0 \times \infty$$

이 녀석들은 우리가 구해 주고 싶어도 그냥은 구해 줄 수 없습니다. 그 녀석들을 수술한 후 약을 투입할 수가 있습니다. 부정형의 극한값은 그대로 구할 수 없으므로 다음과 같이 부정이 아닌 꼴로 변형하여 계산해야 합니다. 꼴값을 떨고 있다고 보면 됩니다. 그들의 꼴값을 좀 보도록 합니다.

(1) $\frac{0}{0}$ 꼴

분수식이면 분모, 분자를 인수분해 한 다음 약분이라는 약품 처리를 합니다. 약품 처리에 들어가는 약재는 인수 정리와 조립제법이 있습니다. 이 약재는 고등학교 1학년 과정에서 배움니다. 이름을 잘 알아 두어 고등학교 공부 좀 하는 학생에게 처방전을 받아 구입하세요.

다음으로 $\frac{0}{0}$꼴이 무리식이면 분모, 분자 중 $\sqrt{}$가 있는 쪽을 먼저 유리화합니다. 유리화란 '$\sqrt{}$ 루트 기호 없애기'라고만 알아 두세요. 나중에 문제를 풀면서 자세히 가르쳐 주겠습니다. 결국 알아야 할 내용이니까요. 그런데 분모, 분자에 모두 $\sqrt{}$가 있을 때에는 분모, 분자에 각각 켤레수를 곱합니다. 켤레수란 '짝을 이루는 수'라고만 알아 두고 넘어 가세요. 나중에 계산하면서 다시 보여 줄 테니까요.

(2) $\frac{\infty}{\infty}$꼴

분수식은 분모의 최고차항으로 분모와 분자를 나눕니다. 무리식은 근호 밖의 최고차항으로 분모와 분자를 나눕니다.

(3) $\infty - \infty$꼴

$\sqrt{}$가 없는 다항식은 최고차항으로 묶어서 처리하고 $\sqrt{}$가 있을 때에는 유리화시켜서 처리합니다.

(4) $0 \times \infty$꼴

통분 또는 유리화하여 $\frac{\infty}{\infty}, \frac{0}{0}, \infty \times a, \frac{a}{\infty}$ (a는 일정한 값) 꼴로 변형할 수 있는지, 없는지를 조사합니다. 조사하면 다 나와. 조심해!

자, 여기서 우리 뇌에 자극을 주면서 염두에 두어야 할 사실은, $\frac{0}{0}$꼴과 $\infty \times 0$꼴에서 0은 숫자 0이 아니라 0에 가까이 가는 것을 말한다는 것입니다. 극한의 개념을 시적으로 표현하면 하나의 '다가감'이랄까요? 감이 잡히나요? 훅이 재미난 농담 한마디 하고 본격적으로 들어가자고 합니다. 무슨 농담인지 들어 봅니다. 수 0을 영어로 하면 뭐냐고 물어봅니다. 나는 '넘버 제로'라고 말했습니다. 훅은 틀렸다고 합니다. 그래서 뭐냐고 물어보니 그는 '스위밍'이라고 합니다. 수영? 스위밍! 정말 재미없습니다.

자, 이제 본격적으로 부정형 꼴의 극한을 차례로 구해 내겠습니다. 부정형 꼴이 구해 달라고 아우성칩니다. 그 절규가 들립니까? 자, 들어갑니다. 그 사건의 현장으로!

> **쏙쏙 문제 풀기**
>
> $\lim\limits_{x \to 2} \dfrac{x^2-4}{x-2}$ 의 극한값을 구해 봅시다.

우선, 이 녀석이 부정형인지 아닌지를 먼저 알아봅니다. 그래서 x자리에 2를 넣어 봅시다. 분모의 x자리에 2를 넣으니 0이 됩니다. 그리고 분자의 x자리에 2를 넣어 봅니다. 계산해 보니 0이 됩니다. 그럼 이 녀석의 정체는 부정형 중에서도 $\dfrac{0}{0}$꼴입니다. 일명 '웅꼴'입니다. 웅이 $\dfrac{0}{0}$꼴이기 때문입니다. 모양이 비슷하다고 붙여진 별명입니다. 앞에서 미리 말했지만 웅꼴이 분수식일 때는 분모와 분자를 인수분해 하여 약분한다고 했습니다. $\lim\limits_{x \to 2} \dfrac{x^2-4}{x-2}$에서 lim는 제쳐 두고 $\dfrac{x^2-4}{x-2}$만 보면 이 식은 무섭게 생긴 분수식이 맞습니다. 이 녀석의 분자를 잘 살펴보세요. $x^2-4=(x+2)(x-2)$로 인수분해가 됩니다. 인수분해에 대해서는 수학자 시리즈 '인수분해 편'을 참조하세요.

"와! 그것도 보고 이것도 보면 수학 박사가 되겠네요."

옆에서 훅이 쿡쿡대며 웃습니다.

$$\frac{x^2-4}{x-2}=\frac{(x+2)(x-2)}{x-2}$$

이 식에 다시 정신을 집중해 봅니다. 분자에도 $(x-2)$가 보이고 분모에도 $(x-2)$가 보입니다. 같습니다. 초등학교 다닐 때 분수에서 분모와 분자에 공통으로 들어 있는 수는 약분이라는 기능에 의해 지워지는 것을 봤습니다. 마법처럼 말입니다. 그 마법은 학년이 올라가도 여전히 유효합니다.

$\frac{(x+2)(x-2)}{x-2}=x+2$에서 $(x-2)$가 지워지고 $(x+2)$만 남은 상태에서 경쟁자가 없어진 $(x+2)$는 괄호라는 갑옷을 벗어도 좋습니다. 자, 이제 간단해진 상태에서 lim를 걸어 봅니다. $\lim_{x\to 2}(x+2)$에서 x가 2에 가깝게 간다는 것은 2라고 할 수 있는 극한의 마법에 걸리는 것입니다. 따라서 x자리에 2를 넣으면 극한의 값이 4가 됩니다. 이때 훅이 x가 2에 가깝게 간다는 말은 lim 밑에 $x\to 2$라는 기호를 통해서 알아낼 수 있다고 합니다. 학생들을 위한 훅의 친절함에 감사합니다.

이때 검은 미소를 띠며 $\lim_{x\to\infty}\frac{2x^2-x+1}{3x^2+2x-5}$이 등장합니다. 원래 $\lim_{x\to\infty}\frac{2x^2-x+1}{3x^2+2x-5}$은 저런 녀석이 아니었습니다. 그 속에 검은 악마가 들어간 것은 작년 여름, 태풍이 불고 난 후입니다. 과학자 훅은 미신이라고 말하지만 분명 녀석의 몸속에는 악마가 있는 것이 분명합니다. 내가 녀석의 속에 있는 악마를 보여 주겠습니다. 나는 십자가 대신 x에 ∞_{무한대}를 넣어 보겠습니다. 녀석의 몸속에 들어간 ∞를 보세요.

$$\frac{2\infty^2-\infty+1}{3\infty^2+2\infty-5}$$

보세요! 녀석의 정체가 드러났지요. 아주 무서운 녀석입니다. 분자를 먼저 살펴봅시다. ∞에 붙어 있는 2나 1은 있으나 마나 입니다. 무한대는 그런 녀석을 신경도 쓰지 않습니다. 사실 무한대는 1억, 아니 그 이상이라도 두려워하지 않습니다. 무한대에 비하면 그런 수들은 아주 작은 수이기 때문입니다. 그래서 분자의 결과는 무한대입니다. 그다음 분모를 살펴봅니다. 분모에서도 마찬가지입니다. 3과 2, −5는 안중에도 없습니다. 분모의 결과도 무한대입니다. 그래서 이 녀석의 정체는 바로 $\frac{\infty}{\infty}$ 꼴인 부정형입니다. 이런 사실을 알고 녀석을 치료해 보도록 합니다. 나는 잠시 심령술사가 되겠습니다. 레드 선!

$\frac{\infty}{\infty}$ 꼴에서는 분모의 최고차항으로 분자, 분모를 나누어야 합니다. 분모의 최고차항이 x^2 이므로 분모와 분자의 세 개씩 있는 항을 모두 x^2 으로 나누어 봅시다. 나누어진다, 나누어진다……

$$\lim_{x \to \infty} \frac{2x^2 - x + 1}{3x^2 + 2x - 5} = \lim_{x \to \infty} \frac{2 - \frac{1}{x} + \frac{1}{x^2}}{3 + \frac{2}{x} - \frac{5}{x^2}}$$

이 상태는 거의 끝난 것이나 다름없습니다. 녀석을 봉인할 부적만 붙이면 끝이 나지요. 부적은 $\lim_{x \to \infty} \frac{1}{x} = 0$ 과 $\lim_{x \to \infty} \frac{1}{x^2} = 0$ 을

사용하겠습니다. 이런 부적이 나올 수 있는 이유는 앞에서 설명했습니다. 분모가 무한대로 가면 그의 극한값은 언제나 0입니다. 그리고 분자가 아무리 큰 수라고 하더라도 분모가 무한대로 가면 언제나 그 값은 0이 됩니다. 무한대는 우주의 개념이라고 볼 수 있습니다. 그럼 두 개의 부적을 사용하겠습니다.

$$\lim_{x \to \infty} \frac{2 - \frac{1}{x} + \frac{1}{x^2}}{3 + \frac{2}{x} - \frac{5}{x^2}} = \frac{\lim_{x \to \infty} 2 - \lim_{x \to \infty} \frac{1}{x} + \lim_{x \to \infty} \frac{1}{x^2}}{\lim_{x \to \infty} 3 + \lim_{x \to \infty} \frac{2}{x} - \lim_{x \to \infty} \frac{5}{x^2}}$$

$$= \frac{2 - 0 + 0}{3 + 0 - 0} = \frac{2}{3}$$

네 개의 항이 부적으로 인해 0으로 봉인되고, 남은 것은 $\frac{2}{3}$입니다. 여기서 훅이 간단한 요령을 말해 줄 것입니다. 일분일초를 다투며 공부하는 학생은 이런 방법도 있구나 하면서 편리함을 느낄 것입니다.

$$\lim_{x \to \infty} \frac{2x^2 - x + 1}{3x^2 + 2x - 5}$$

이 상태에서 최고차항의 비를 이용하여 바로 답을 알아낼 수도 있습니다. 즉, 최고차항의 계수의 비를 이용하면 됩니다. 특히 이 경우는 분모와 분자의 최고차항이 동차^{같음}라서 가능한 것입니다. 이제 마지막으로 한 녀석만 구해 보고 수업을 마칠 예정입니다. 우리가 모두를 구할 수는 없습니다. 나머지는 여러분의 몫이기도 합니다.

$\lim_{x \to \infty} \sqrt{x+1} - \sqrt{x}$ 녀석은 $\sqrt{}$ 루트라는 무리수를 두고 있습니다. 그냥 풀기에는 무리지요. $\infty - \infty$ 꼴이면서 $\sqrt{}$ 가 있는 다항식은 유리화를 해야 유리합니다. 분모를 1로 보고 분자를 유리화하면 다음과 같습니다.

$$(\text{주어진 식}) = \lim_{x \to \infty} \frac{(\sqrt{x+1} - \sqrt{x})(\sqrt{x+1} + \sqrt{x})}{\sqrt{x+1} + \sqrt{x}}$$
$$= \lim_{x \to \infty} \frac{x+1-x}{\sqrt{x+1} + \sqrt{x}} = \lim_{x \to \infty} \frac{1}{\sqrt{x+1} + \sqrt{x}} = 0$$

상당히 힘들어 보여도 우리는 차근차근 해내야 합니다. 우리의 사명이니까요. 똑같은 것이 곱해지면 $\sqrt{}$ 가 벗겨집니다. 쏘옥 소리를 내면서 말이지요. 그리고 분자가 상수이면서 분모의 x 가 무한대로 가면 그의 극한값은 백발백중 0이 됩니다. 마지막 녀석이 좀 까칠했지만 $\sqrt{}$의 성질과 유리화란 고도의 기술을 이용하여 녀석을 단숨에 제압했습니다. 언제나 끝까지 해내겠다는 정신이 중요합니다. 이쯤 되면 정리한다는 기분으로 무한소와 무한대에 대해 이야기를 들려주어야 할 것 같습니다.

> **Tip 무한소 (+0)**
> 양수이면서 한없이 작아지는 상태를 나타내는 기호로 수는 아닙니다.
>
> **Tip 무한대 (∞)**
> 한없이 커지는 상태를 나타내는 기호로 수는 아닙니다.

무한소 (+0)와 무한대 (∞)의 관계를 알아보겠습니다. 그들은 분수꼴에서 그들의 위력을 발휘합니다.

$\frac{a}{\infty}$꼴이 되면 0으로 변합니다. a는 유한 확정값이라고 하며 흔히 '상수'라고 부릅니다. $\frac{a}{0}$꼴은 a가 양수이면 ∞ 양의 무한대가 되고 a가 음수이면 $-\infty$ 음의 무한대가 됩니다. 앞에서도 잠시 보여 주었지만 예를 들어 보겠습니다.

$\frac{3}{10}, \frac{3}{100}, \frac{3}{1000}, \frac{3}{10000}, \cdots\cdots, \frac{3}{\infty}$과 같이 분자가 상수일 때, 분모가 커지면 커질수록 그 수는 무한히 작아져서 거의 0 무한소

과 같게 됩니다. 이런 관계를 보면 무한대와 무한소는 서로 관계가 있음을 알 수 있습니다.

그 반대의 경우도 성립합니다. $\frac{3}{10}, \frac{3}{0.1}, \frac{3}{0.01}, \frac{3}{0.001}, \ldots\ldots,$ $\frac{3}{0}$과 같이 분자가 상수일 때, 분모가 무한히 작아지면 그 수는 무한히 커집니다. 상대적인 개념이지요. 그래서 $\frac{a}{0}$꼴은 양의 무한대가 되거나 음의 무한대가 됩니다.

다음 시간부터는 드디어 연속함수를 만나게 될 것입니다. 지금까지의 내용이 어느 정도 익혀져야 우리는 연속함수와 한판 붙을 수 있습니다. 자, 그럼 다음 시간에 봅시다.

수업정리

❶ $x \to a$, $x \to \infty$ 또는 $x \to -\infty$일 때 $f(x)$의 극한 꼴이 다음과 같으면 우리는 부정형인 경우라고 합니다.
$$\frac{0}{0}, \frac{\infty}{\infty}, \infty - \infty, 0 \times \infty$$

❷ $\frac{0}{0}$꼴

무리식이면 분모, 분자 중 $\sqrt{}$가 있는 쪽을 먼저 유리화합니다. 그런데 분모, 분자에 모두 $\sqrt{}$가 있을 때에는 분모, 분자에 각각 켤레수를 곱합니다.

❸ $\frac{\infty}{\infty}$꼴

분수식은 분모의 최고차항으로 분모, 분자를 나눕니다. 무리식은 근호 밖의 최고차항으로 분모, 분자를 나눕니다.

❹ $\infty - \infty$꼴

$\sqrt{}$가 없는 다항식은 최고차항으로 묶어서 처리합니다. $\sqrt{}$가 있을 때는 유리화시켜서 처리합니다.

❺ $0 \times \infty$꼴

통분 또는 유리화하여 $\frac{\infty}{\infty}, \frac{0}{0}, \infty \times a, \frac{a}{\infty}$($a$는 일정한 값) 꼴로 변형할 수 있는지 조사합니다.

연속함수

연속함수가 무엇인지 알아보고
연속과 불연속에 대해서 알아봅니다.

수업 목표

1. 연속함수에 대해 공부합니다.
2. 연속과 불연속에 대해 알아봅니다.

미리 알면 좋아요

구간

- 개구간 : 실수의 집합에서 양 끝의 수를 그 집합에 포함하지 않는 구간. 부등식 $a<x<b$로 표시되는 구간으로 (a, b)로 나타냅니다.

- 반개구간 : 구간의 양 끝 가운데 하나는 포함하여 닫히고 다른 하나는 포함하지 아니하여 반열린 상태의 구간. 부등식 $a \leq x < b$ 또는 $a < x \leq b$로 표시되는 구간으로 각각 $[a, b)$, $(a, b]$로 나타냅니다. 반폐구간이라고도 합니다.

- 폐구간 : 실수의 집합에서 양 끝의 수를 그 집합에 포함하는 구간. 부등식으로 표시되는 구간으로 $[a, b]$로 나타냅니다.

코시의 여섯 번째 수업

　벌써 여섯 번째 수업 시간입니다. 이제부터 우리는 본격적으로 연속함수에 대해서 공부해 볼까 합니다. 어라, 훅이 안 보이는군요? 아, 저쪽에서 훅이 어떤 두 종류의 선을 전자 현미경으로 들여다보고 있습니다.

　"음, 선은 무수히 많은 점으로 이루어져 있군요."

　그렇습니다. 선은 점들의 모임이라고 볼 수 있습니다. 어쩌면 그 말속에서 연속함수의 의미를 찾을 수 있을지도 모릅니다.

연속함수는 한마디로 끊어짐이 없는 함수라고 말할 수 있습니다. 세상을 살면서 끊어지면 어떻고 연결되면 어떨까 하는 친구들도 있을 것입니다. 그런 친구들을 위해 나는 팩에 들어 있는 주스를 주었습니다. 빨대를 꽂아서 말입니다. 그 친구는 빨대를 빨다가 나에게 버럭 화를 냅니다.

"안에 주스가 없나 봐요."

주스 팩을 흔들어 보면 알 수 있듯이 그 안에는 분명 주스가 들어 있습니다. 묵직한 질량감도 못 느끼나요? 그런데 무슨 문제로 팩 안의 주스가 나오지 않는 것일까요? 나는 그 친구가 마시고 있던 주스 팩에서 빨대를 뽑아냅니다. 아하! 빨대 중간에 구멍이 나 있었던 것입니다. 그렇습니다. 빨대에 구멍이 나서 연속성이 없었던 것입니다. 이제 알겠지요? 살면서 연속성이 중요하게 작용할 때도 있습니다.

훅과 나는 함수의 연속성에 대해 알아보려고 합니다. 다음 두 함수의 그래프를 그려서 비교해 보도록 하겠습니다. 이 두 함수 중에서 $\lim_{x \to 1} f(x) = f(1)$인 함수를 말해 봅시다. 즉, $x \to 1$일 때의 함수의 극한값과 $x=1$에서의 함숫값을 비교해 보겠다는 소리입니다.

그렇다면 두 함수란 어떤 함수인지 한번 봅시다.

(1) $f(x) = \begin{cases} \dfrac{x^2-1}{x-1} & (x \neq 1) \\ 2 & (x=1) \end{cases}$

음, 심상치 않게 생긴 녀석입니다. x가 1일 때와 아닐 때의 모습이 다릅니다. 두 번째 녀석을 만나 봅니다.

(2) $f(x) = \begin{cases} \dfrac{x^2-1}{x-1} & (x \neq 1) \\ 1 & (x=1) \end{cases}$

이 두 함수를 보고 똑같다고 말하는 친구는 눈썰미가 없는 친구입니다. $x=1$일 때 값이 2와 1로 차이가 나기 때문입니다. 아주 작은 차이가 엄청난 결과를 가져옵니다. 주스를 마실 수 있느냐 없느냐와 비슷한 경우일 수도 있지만 그 정도는 아무것도 아닙니다. 만약 응급 환자의 혈액을 공급하는 호스라고 생각해 보세요. 만약 연속적으로 연결되어 있지 않으면……. 으악, 끔찍합니다. 훅이 나에게 너무 생각을 비약하는 것이 아니냐고 주의를 줍니다. 하하, 내가 생각해도 과장이 좀 심한 것 같습니다. 두 번째 함수부터 먼저 봅니다.

함수 $f(x) = \begin{cases} \dfrac{x^2-1}{x-1} & (x \neq 1) \\ 1 & (x=1) \end{cases}$ 에서 $\lim\limits_{x \to 1} f(x) = 2$, $f(1) = 1$

입니다. 즉, $\lim\limits_{x \to 1} \dfrac{x^2-1}{x-1} = \lim\limits_{x \to 1} \dfrac{(x+1)(x-1)}{x-1} = \lim\limits_{x \to 1}(x+1)$ $= 2$이므로, $\lim\limits_{x \to 1} f(x) \neq f(1)$입니다. 그림으로 나타내어 봅시다.

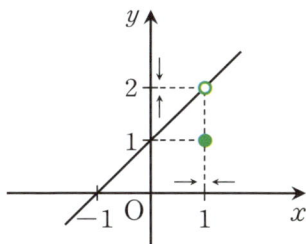

좀 더 설명을 덧붙이자면 극한값과 함숫값이 같지 않다는 말입니다. 그림에서 보듯이 $x=1$인 점에서 연결되어 있지 않음을 알 수 있습니다. 즉, $x=1$에서 불연속입니다.

그럼 이제 첫 번째 함수를 살펴보기로 합니다.

$$f(x)=\begin{cases} \dfrac{x^2-1}{x-1} & (x\neq 1) \\ 2 & (x=1) \end{cases}$$

$x\neq 1$일 때, $f(x)=\dfrac{x^2-1}{x-1}=\dfrac{(x+1)(x-1)}{x-1}=x+1$이 되고, $f(x)=x+1$에서는 $\lim\limits_{x\to 1}f(x)=2$, $f(1)=2$입니다. 즉, $\lim\limits_{x\to 1}(x+1)=1+1=2$로 극한값과 함숫값이 같습니다. 따라서 $\lim\limits_{x\to 1}f(x)=f(1)$입니다. 다시 말해, $x=1$에서 연속입니다. 그림으로 다시 확인해 봅니다.

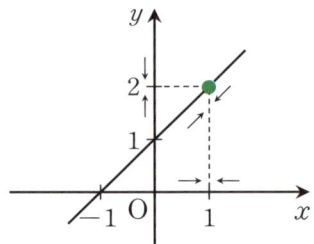

위 그림에서 보니 이 그래프는 $x=1$에서 연결되어 있습니다. 이제 정리를 좀 해야겠습니다. $x=a$에서 연속이 되느냐 안되느냐가 관건인 것 같습니다. 연속인 점에서 함수의 그래프가 이어져야 한다는 소리입니다. 일반적으로 함수 $f(x)$의 그래프가 $x=a$에서 끊어지지 않으려면 함수 $f(x)$가 $x=a$에서 정의되어 있어야 합니다. 함수 $f(x)$가 정의역에 속하는 값 a에 대하여 $x=a$에서 정의되어 있고 극한값 $\lim_{x \to a} f(x)$가 존재하며 $\lim_{x \to a} f(x) = f(a)$가 성립해야 합니다.

위의 세 조건을 모두 만족할 때, 즉 $x=a$에서의 극한값과 함숫값이 같을 때, 함수 $f(x)$는 $x=a$에서 연속이라고 합니다. 한편, $f(x)$는 $x=a$에서 연속이 아닐 때, 즉 $x=a$에서 이어지지 않고 끊어져 있을 때, $f(x)$는 $x=a$에서 불연속이라고 합니다.

불연속에 대해 조금 더 짚어 봅시다.

쏙쏙 이해하기

함수 $f(x)$가 $x=a$에서 불연속인 경우는 $f(x)$가

(1) $x=a$에서 정의되어 있지 않습니다.
(2) 극한값 $\lim_{x \to a} f(x)$가 존재하지 않습니다.
(3) $x=a$에서 정의되고 $\lim_{x \to a} f(x)$의 값이 존재하지만 $\lim_{x \to a} f(x) \neq f(a)$입니다.

위에서 어느 하나에 속하는 경우는 불연속이라고 합니다. 연속의 조건만큼이나 까다롭지요. 그래프에서 연속과 불연속의 의미를 알아보겠습니다. 만약 $x=a$에서 연속이라고 하면 $x=a$에서 그래프가 연결되어 있는 것입니다.

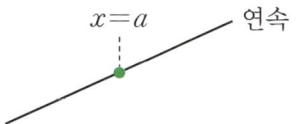

$x=a$에서 불연속이라고 하면 $x=a$에서 그래프가 연결되어 있지 않고 끊어져 있습니다. 끊어져 있다는 그림은 아래와 같이 '구멍이 있다.'로 생각해도 됩니다.

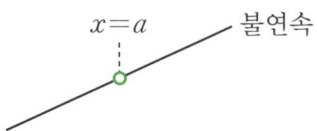

지금 여러분은 함수의 연속성을 배우고 있습니다. 연속을 알려고 하면 불연속의 개념을 잘 이해해야 합니다.

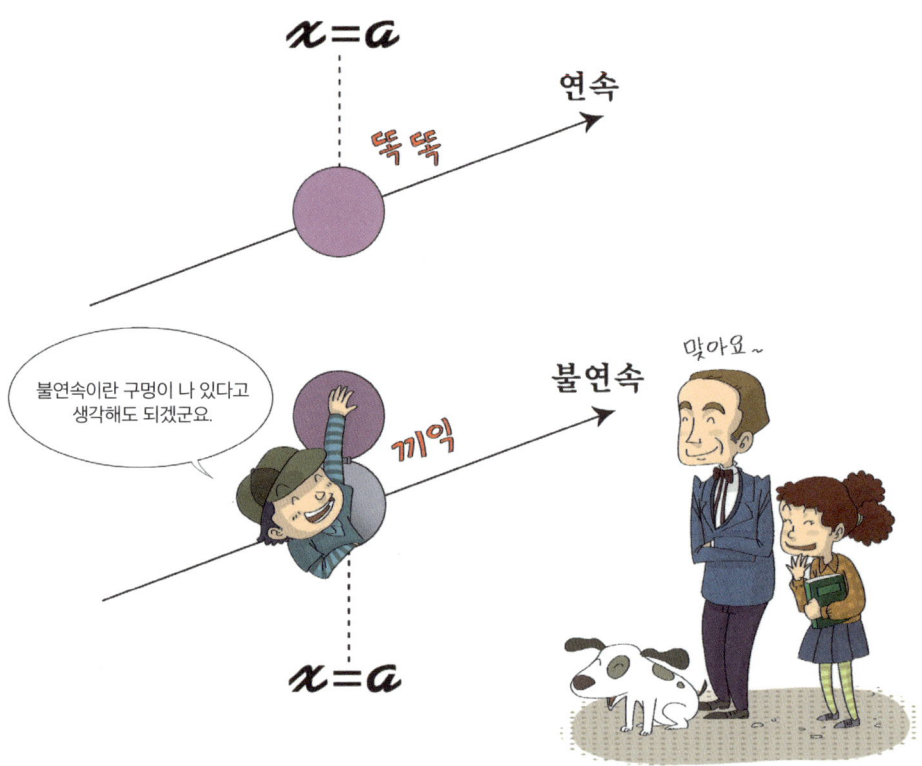

다음은 $x=a$에서 불연속인 함수들의 그림입니다.

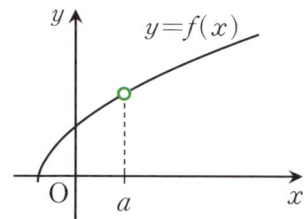

$f(a)$가 정의되어 있지 않습니다. 구멍이 뚫어져 있다는 소리입니다. 불연속인 함수의 그래프입니다.

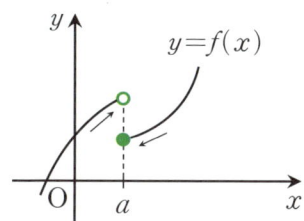

$\lim\limits_{x \to a} f(x)$의 값이 없습니다. $\lim\limits_{x \to a} f(x)$의 값이 없다는 소리는 그림에서 보듯이 좌극한, 우극한의 값이 다르다는 의미입니다. 그래서 극한값이 없다고 말할 수 있습니다.

"아하! 좌극한과 우극한값이 같아야 극한값이 존재한다고 앞에서 말했지!"

훅이 다시 한번 학생들을 위해 복습시켜 주는군요.

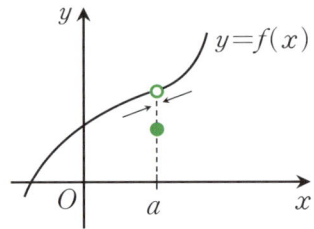

이 그래프의 그림을 보면 $\lim\limits_{x \to a} f(x) \neq f(a)$입니다. 점 a에서 함숫값과 극한값이 다르다는 것을 알 수 있습니다. 앞에서도 이야기했듯이 함수 $f(x)$가 정의역에 속하는 값 a에 대하여 $x=a$에서 정의가 되어 있어야 하고, 극한값 $\lim\limits_{x \to a} f(x)$가 존재해야 하며 $\lim\limits_{x \to a} f(x) = f(a)$가 성립해야 합니다. 이 세 가지 조건을 나는 '연속의 삼인방'이라고 부릅니다. 다른 사람은 어떻게 부르는지 모르지만요. 훅이 나에게 건의합니다.

"학생들은 문자보다는 숫자에 익숙해요."

그래서 이번에는 숫자를 이용하여 예를 들어 설명하겠습니다. 다음 함수가 $x=3$에서 연속이 아닌 이유를 차근차근 잘 생각해 보고 한번 설명해 보세요. 배운 것을 복습하는 거니까 어려워할 필요는 없습니다.

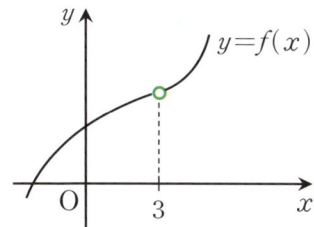

$x=3$일 때의 함숫값인 $f(3)$을 보세요. 어떻습니까? 3에서 빨대에 구멍이 펑 나 있지요? 그렇습니다. 따라서 함숫값 $f(3)$이 존재하지 않는다는 것을 알 수 있습니다. 즉, 불연속입니다.

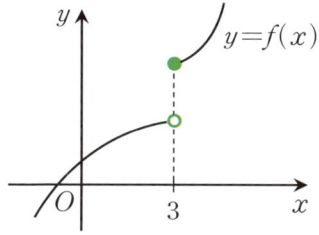

$x=3$일 때의 극한값, 즉 $\lim_{x \to 3} f(x)$가 존재하지 않으므로 불연속입니다. 좌극한의 값과 우극한의 값이 다르면 극한값은 존재하지 않는다고 말합니다. 첫 번째 그림은 함숫값이 정의되지 않는 경우이고, 두 번째 그림은 극한값이 존재하지 않는 경우입니다. 마지막 그림을 살펴봅시다.

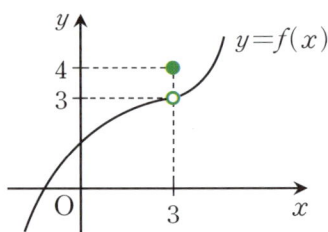

$x=3$일 때의 함숫값은 $f(3)=4$이고, 극한값은 $\lim_{x \to 3} f(x)=3$입니다. 따라서 $\lim_{x \to 3} f(x) \neq f(3)$이므로 불연속입니다. 함숫값과 극한값이 달라도 불연속입니다. 연속의 삼인방을 잘 생각해 보면 이해가 될 것입니다.

이제 함수가 어떤 구간 내에서 연속인 경우에 대하여 알아보도록 합니다. 예를 들어 불연속점이 있더라도 그 구간만 피한다면 그 함수는 그 어떤 구간에서 연속이라고 말할 수 있습니다.

두 실수 $a, b (a<b)$에 대하여 다음 실수의 집합 $\{x | a<x<b\}$, $\{x | a \leq x \leq b\}$, $\{x | a<x \leq b\}$, $\{x | a \leq x<b\}$를 차례로 읽어 보면 x는 a보다 크고 b보다 작은 구간, x는 a보다 크거나 같고 b보다 작거나 같은 구간, x는 a보다 크고 b보다 작거나 같은 구간, x는 a보다 크거나 같고 b보다 작은 구간입니다. 각각의 구간을 차례대로 기호로 나타내어 봅시다.

$$(a, b), \quad [a, b], \quad (a, b], \quad [a, b)$$

기호로 나타낼 때는 소괄호와 대괄호를 적절히 섞어서 표현합니다. 크거나 작다는 소괄호로, 이상이나 이하인 '크거나 같다.'와 '작거나 같다.'는 대괄호로 표현합니다. 그냥 그렇게 하기로 약속한 것이므로 신기해할 필요는 없습니다.

(a, b)는 개구간이라고 하고, $[a, b]$를 폐구간이라고 부릅니다. $(a, b]$, $[a, b)$를 반폐구간 또는 반개구간이라고 합니다. 각 구간을 수직선 위에 나타내면 다음과 같습니다.

(a, b) : ←──○──○──→
     a b

$[a, b]$: ←──●──●──→
     a b

$(a, b]$: ←──○──●──→
     a b

$[a, b)$: ←──●──○──→
     a b

위 수직선에 대한 기호와 그림은 초등학교 때 좀 봤던 녀석입니다. 그땐 싫었지만 지금 이런 자리에서 다시 만나니 적지 않게 반갑습니다. 허허, 참 묘한 인연입니다.

그럼 이제 무한대를 등장시켜 보겠습니다. 무한대라고 해서 무한히 겁먹을 이유는 없습니다. 자, 무한 도전 들어갑니다~!

$$\{x|a<x\},\ \{x|a\leq x\},\ \{x|x<b\},\ \{x|x\leq b\}$$

다음의 식들은 각각 '구간'이라 하고, 차례대로 기호로 나타낼 수 있습니다. 처음 것부터 살짝 설명해 보도록 하겠습니다.

$a<x$는 x가 a보다 크면서 '계속 나아간다.'는 뜻입니다. 그

래서 기호로는 (a, ∞)로 나타냅니다. 즉, 오른쪽으로는 무한대로 뻗어 나가고 있다는 뜻입니다. $a \leq x$는 비슷한 뜻이지만 a가 포함된다는 뜻으로 $[a, \infty)$와 같이 대괄호를 사용하여 나타냅니다. 나머지는 어떻게 표현하는지 여러분이 직접 생각해 보세요. 그렇습니다. $(-\infty, b)$, $(-\infty, b]$입니다.

하나 더! 실수 전체의 집합도 하나의 구간으로 보기 때문에, 기호 $(-\infty, \infty)$로 나타냅니다. 어떤 함수에서 정의역을 말하지 않았을 때, 정의역은 그 함수가 정의될 수 있는 최대의 집합으로 합니다. 함수의 연속, 불연속은 정의역 내에서만 생각합니다. 즉, 구간 내에서만 생각하자는 것입니다.

쏙쏙 이해하기

함수 $f(x)$가 어떤 구간의 모든 값에서 연속일 때, $f(x)$는 그 구간에서 연속 또는 연속함수라고 합니다. 특히 함수 $f(x)$가 폐구간 $[a, b]$에서 연속이라는 것은 다음이 성립함을 말합니다.

(1) $f(x)$가 개구간 (a, b)에서 연속이고
(2) $\lim_{x \to a+0} f(x) = f(a)$, $\lim_{x \to b-0} f(x) = f(b)$

이제 연속함수의 성질에 대해 알아보도록 하겠습니다. 함수의 극한의 성질을 이용하면 연속함수에 대한 성질을 바로 알 수 있습니다. 그러나 훅이 몸살 기운이 있다고 하니, 연속함수의 성질에 대한 내용은 다음 시간에 다루기로 합니다.

수업 정리

❶ 일반적으로 함수 $f(x)$의 그래프가 $x=a$에서 끊어지지 않고 있으려면 함수 $f(x)$가 $x=a$에서 정의되어 있어야 합니다. 즉, 함수 $f(x)$가 정의역에 속하는 값 a에 대하여 $x=a$에서 정의되어 있고, 극한값 $\lim_{x \to a} f(x)$가 존재하며 $\lim_{x \to a} f(x) = f(a)$가 성립해야 합니다.

❷ $x=a$에서의 극한값과 함숫값이 같을 때, 함수 $f(x)$는 $x=a$에서 연속이라고 합니다. 한편, $f(x)$는 $x=a$에서 연속이 아닐 때, 즉 $x=a$에서 이어지지 않고 끊어져 있을 때 $f(x)$는 $x=a$에서 불연속이라고 합니다.

❸ 두 실수 $a, b(a<b)$에 대하여 다음 실수의 집합
$\{x|a<x<b\}, \{x|a \leq x \leq b\}, \{x|a<x \leq b\}, \{x|a \leq x<b\}$를 차례대로 기호로 나타내면 다음과 같습니다.
$$(a, b), [a, b], (a, b], [a, b)$$

연속함수의 성질

연속함수의 성질을 알아보고
중간값 정리에 대해서 공부해 봅니다.

수업 목표

1. 함수의 극한에 관한 기본 성질을 알아봅니다.
2. 연속함수의 성질을 알아봅니다.
3. 중간값 정리를 공부합니다.

미리 알면 좋아요

1. **일차함수** 함수를 나타내는 식이 일차식인 함수. $y=ax+b\,(a\neq 0)$의 꼴을 가집니다.

2. **이차함수** 함수를 나타내는 식이 이차식인 함수. $y=ax^2+bx+c\,(a\neq 0)$의 꼴을 가집니다.

3. **분수함수** 분수식으로 표시되는 함수.

코시의 일곱 번째 수업

훅이 주사 한 방 맞고 몸이 괜찮아졌습니다. 훅의 세포에 몸살 바이러스가 들어왔나 봅니다. 훅과 나는 연속함수의 성질에 대하여 알아보려고 합니다. 연속이 되려면 끊어짐이 없어야 합니다. 전자 현미경으로 관찰하면 모든 점이 연결되어 있습니다.

우리가 사람끼리의 성질을 알아보려면 다른 사람을 어떻게 대하는지를 보고 알 수 있습니다. 연속함수의 성질을 알아보는 것도 이와 같습니다. 두 함수를 이용하여 알아보면 됩니다. 두 함수 $f(x), g(x)$가 $x=a$에서 연속이면 다음이 성립합니다.

$$\lim_{x \to a} f(x) = f(a), \ \lim_{x \to a} g(x) = g(a)$$

이때, 함수의 극한에 관한 기본 성질에 의하여 다음과 같이 바뀌었다고 보면 됩니다.

$$\lim_{x \to a} \{cf(x)\} = c \lim_{x \to a} f(x) = cf(a) \ (단, c는 상수)$$
$$\lim_{x \to a} f(x) = f(a)$$

연속함수에서 c는 앞으로 빼내 버리고 다음 성질을 봅시다.

$$\lim_{x \to a} \{f(x) \pm g(x)\} = \lim_{x \to a} f(x) \pm \lim_{x \to a} g(x) = f(a) \pm g(a)$$

뭐, 어려운 내용이 아닙니다. 계산해 보면 $\lim_{x \to a} f(x)g(x) = \lim_{x \to a} f(x) \lim_{x \to a} g(x) = f(a)g(a)$임을 알 수 있습니다.

"앗! 앞에서는 분수 모양도 다루지 않았습니까?"

혹이 물어 옵니다. 염려하지 마세요. 분수 모양도 할 것입니다.

$$\lim_{x \to a} \frac{f(x)}{g(x)} = \frac{\lim_{x \to a} f(x)}{\lim_{x \to a} g(x)} = \frac{f(a)}{g(a)} \text{ (단, } g(x) \neq 0, g(a) \neq 0\text{)}$$

분모가 0이 되면 안 된다는 조건은 분수의 꼴에서는 진리입니다. 이러한 사실을 토대로 다음과 같은 연속함수의 성질이 성립합니다.

쏙쏙 이해하기

연속함수의 성질

함수 $f(x), g(x)$가 모두 $x=a$에서 연속이면 다음 함수도 $x=a$에서 연속입니다.
(1) $cf(x)$ (단, c는 상수)
(2) $f(x) \pm g(x)$
(3) $f(x)g(x)$
(4) $\dfrac{f(x)}{g(x)}$ (단, $g(a) \neq 0$)

일차함수 $f(x)=x$는 임의의 실수에 대하여 연속이므로 연속함수의 성질에 의하여 함수 $y=x^2, y=x^3, \cdots\cdots, y=x^n$ 등도 모든 실수 x에 대하여 연속입니다. 곱하는 성질이 성립하기 때문입니다. 따라서 이들 함수에 상수를 곱하여 더하면 다항함수도 연속임을 알 수 있습니다. 아 참, 앞에서 말을 하나 빠뜨린 것이 있어 일러 줍니다. 함수 $f(x)$가 주어진 구간의 모든 점에서 연속이면 $f(x)$는 그 구간에서 연속 또는 그 구간에서의 연속함수라고 할 수 있습니다.

이제, 여러 함수의 연속성에 대해 간략하게 말하겠습니다.

- 다항함수 : 일차함수, 이차함수, …… 등은 $(-\infty, \infty)$에서 연속입니다. 앞에서 $y=x^2, y=x^3, \cdots\cdots, y=x^n$에서 연속이라는 말과 같습니다.
- 분수함수 : $y=\dfrac{f(x)}{g(x)}$에서 (분모)=0인 점, 즉 $g(x)=0$인 점에서 불연속입니다. 분모에서 불연속이 되었습니다.
- 무리함수 : $y=\sqrt{f(x)}$는 $f(x) \geq 0$인 범위에서 연속입니다.
- 로그함수 : $y=\log_a x$(단, $a>0, a \neq 1$)는 $x>0$인 범위에서, 즉 $(0, \infty)$에서 연속입니다. 앞에서 $x>0$의 구간을 나타내는 표현으로 $(0, \infty)$를 배웠습니다.
- 지수함수 : $y=a^x$(단, $a>0, a \neq 1$)는 $(-\infty, \infty)$에서 연속입니다.
- 삼각함수 : $y=\sin x, y=\cos x$는 $(-\infty, \infty)$에서 연속이고, $y=\tan x$는 $x=n\pi \pm \dfrac{\pi}{2}$에서 불연속입니다. (단, n은 정수)
- 가우스함수 : $y=[x]$는 $x=n$에서 불연속입니다. (단, n은 정수)

이상으로 여러 함수의 연속성을 대략적으로 알아보았습니다. 학교생활에 도움을 주기 위한 나의 배려입니다. 사실은 그림으로 나타내면 이해하기가 좀 더 수월합니다. 연속이라는 의미는 그래프가 연결되어 있다고 보면 어렵지 않게 이해가 될 것입니다. 여러 가지 함수의 연속성은 그래프를 그리면 직관적으로 알 수 있습니다. 분수함수는 분모를 0이 되게 하는 x의 값에서 불연속입니다.

이제, 최대·최소의 정리에 대해 공부해 보도록 합니다. 다음 그림을 보고 연속함수 $f(x)=x^2$에 대하여 토론해 봅시다.

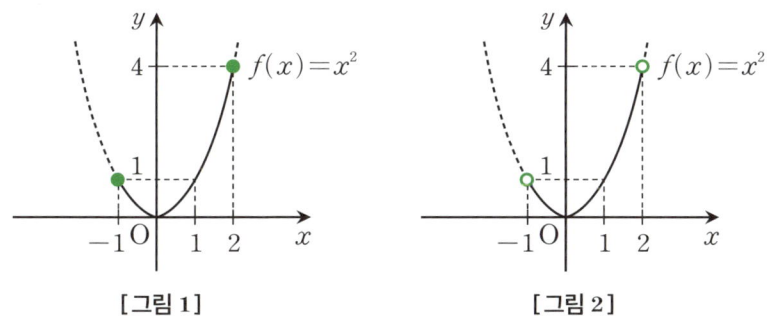

[그림 1]　　　　　　　[그림 2]

만약 폐구간, 즉 닫힌 구간 [−1, 2]에서 최댓값과 최솟값이 있다면 한번 구해 봅시다. [그림 1]의 그래프는 폐구간 [−1, 2]에서 연속이고 아래로 볼록하므로 $x=0$에서 최솟값 $f(0)=0$, $x=2$에서 최댓값 $f(2)=4$를 갖습니다. 그림을 보면 바로 알 수 있습니다. −1과 2 사이에서 대응되는 y의 값은 0이 제일 아래에 있고 x가 2일 때 y의 값으로 4를 갖는다는 말입니다. 최댓값과 최솟값은 x에 대응하는 y의 값이라고 보면 됩니다. 그리고 다시 일러 주지만 폐구간이란 양쪽 끝점에 x의 값이 들어가는 것이라고 보면 됩니다. 다르게 말해, 개구간은 양쪽 끝 지점에 x의 값이 들어가지 않습니다.

개구간 (−1, 2)에서 최댓값과 최솟값이 있다면 한번 구해 봅시다. [그림 2]를 살펴봅니다. 주어진 함수의 그래프는 개구간 (−1, 2)에서 연속이고, 아래로 볼록하므로 $x=0$에서 최솟값 $f(0)=0$을 갖습니다. 그러나 안타깝게도 $x=2$가 구간에 들어가지 않으므로 최댓값은 생기지 않습니다.

그다음 구간을 좀 이동시켜서 개구간 (1, 2)에 최댓값과 최솟값이 있다면 그것을 알아보도록 하겠습니다. 주어진 함수의 그래프는 개구간 (1, 2)에서 연속이기는 하나, 양 끝점이 구간에 들어가지 않으므로 최댓값, 최솟값 모두 존재하지 않습니다.

위 내용을 종합해 보면 개구간에서는 최대·최소의 정리가 성립하지 않습니다. 반면 함수 $f(x)$가 폐구간 $[a, b]$에서 연속이면 $f(x)$는 이 구간에서 반드시 최댓값과 최솟값을 갖습니다. 일반적으로 폐구간에서 연속인 함수에 대하여 최대·최소정리가 성립함을 알 수 있습니다. 닫혀 있어야 하느니라~.

이제 중간값의 정리에 대하여 알아보겠습니다.

좌표평면 위에 점 두 개를 잡아 봅니다. 단, 두 점의 높이인 y좌표의 값이 다르도록 합니다. 그리고 두 점 중 하나는 직선의 위로 가고 하나는 직선의 아래로 가도록 x축에 평행한 직선 하나를 그려 보도록 합니다. 그러면 끊어지지 않는 선으로 두 점을 연결할 때 위에서 그었던 직선을 한 번도 거치지 않고 가게 할 수는 없습니다. 어떻게 직선을 연결하더라도 한 번은 거치게 됩니다. 이것을 중간값의 정리라고 할 수 있습니다.

그림, 즉 그래프를 통해 확인하도록 합니다.

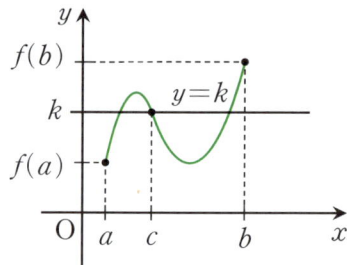

두 점을 연결한 선을 $f(x)$라고 하고 두 점의 x좌표를 각각 a, b라고 하면 두 점의 높이 두 점의 y좌표는 각각 $f(a), f(b)$가 됩니다. 두 점의 높이가 다르다는 것은 $f(a) \neq f(b)$로 표현됩니

다. 두 점의 사이에 그린 직선의 높이를 k라고 하면 k는 $f(a)$와 $f(b)$ 사이가 됩니다. 두 점을 잇는 선이 직선을 적어도 한 번은 거친다는 것은 $y=f(x)$의 그래프와 $y=k$의 그래프가 적어도 한 점에서 만난다는 뜻입니다. 즉, $f(x)=k$를 만족하는 x가 적어도 하나는 있다는 소리입니다. 이게 바로 '중간값의 정리'입니다. 이런 중간값의 정리를 다시 한번 정리해 보고 이번 단원을 마칩니다.

쏙쏙 이해하기

중간값의 정리

함수 $f(x)$가 폐구간 $[a, b]$에서 연속이고 $f(a) \neq f(b)$이면 $f(a)$와 $f(b)$ 사이의 임의의 실수 k에 대하여 $f(c)=k$ ($a<c<b$)인 c가 적어도 하나 존재합니다.

함수 $f(x)$가 폐구간 $[a, b]$에서 연속이면 $y=f(x)$의 그래프는 그 구간에서 끊어지지 않고 이어져 있으므로 $f(a) \neq f(b)$일 때, $f(a)$와 $f(b)$ 사이에 있는 임의의 실수 k에 대하여 직선 $y=k$와 $y=f(x)$의 그래프는 적어도 한 점에서 만납니다. 앞의 그림에서는 한 점이 아니라 세 점에서 만났습니다.

진짜 마지막으로 한마디만 더 하자면, 중간값의 정리의 특별한 경우로서 $f(a)$와 $f(b)$의 부호가 서로 다르고 $k=0$일 때는 다음이 성립합니다.

함수 $f(x)$가 폐구간 $[a, b]$에서 연속이고 $f(a)f(b)<0$이면 $f(c)=0$인 c가 개구간 (a, b) 안에 적어도 하나 존재한다는 사실입니다. 따라서 방정식 $f(x)=0$은 a와 b 사이에 적어도 하나의 실근을 가짐을 알 수 있습니다. 훅이 더 어렵다고 말합니다. 그림을 하나 보면서 이번 수업도 정리하도록 하겠습니다.

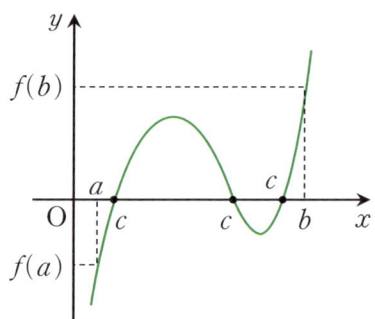

중간값이 전부 시시cc한 그림입니다. 하하하.

수업정리

❶ 연속함수의 성질

함수 $f(x), g(x)$가 모두 $x=a$에서 연속이면 다음 함수도 $x=a$에서 연속입니다.

① $cf(x)$ (단, c는 상수)   ② $f(x) \pm g(x)$
③ $f(x)g(x)$ ④ $\dfrac{f(x)}{g(x)}$ (단, $g(x) \neq 0$)

❷ 함수의 연속성

- 분수함수 : $y = \dfrac{f(x)}{g(x)}$에서 (분모)=0인 점, 즉 $g(x)=0$인 점에서 불연속입니다. 분모에서 불연속이 되었습니다.
- 무리함수 : $y = \sqrt{f(x)}$는 $f(x) \geq 0$인 범위에서 연속입니다.
- 로그함수 : $y = \log_a x$ (단, $a>0, a \neq 1$)는 $x>0$인 범위에서, 즉 $(0, \infty)$에서 연속입니다. 앞에서 $x>0$의 구간 기호 표현으로 $(0, \infty)$를 배웠습니다.
- 지수함수 : $y = a^x$ (단, $a>0, a \neq 1$)는 $(-\infty, \infty)$ 구간에서 연속입니다.
- 삼각함수 : $y = \sin x, y = \cos x$는 $(-\infty, \infty)$에서 연속이고, $y = \tan x$는 $x = n\pi \pm \dfrac{\pi}{2}$에서 불연속입니다. (단, n은 정수)
- 가우스함수 : $y = [x]$는 $x = n$에서 불연속이 됩니다. (단, n은 정수)

연속함수의 활용

8교시

연속함수를 활용해 봅니다.

수업 목표

연속함수의 활용을 알아봅니다.

중간값 정리

폐구간 $[a, b]$에서 정의된 연속함수 $f:[a, b] \to \mathbb{R}$이 있을 때 다음 사실이 성립합니다.
만약 $f(a)f(b)<0$이면, $f(x)=0$을 만족하는 점 x가 (a, b)상에 적어도 하나 존재합니다. 또한 $f(a) \leq l \leq f(b)$이거나 $f(b) \leq l \leq f(a)$이면, $f(c)=l$을 만족하는 점 c가 $[a, b]$상에 적어도 하나 존재합니다.

코시의
여덟 번째 수업

훅과 나는 연속함수가 일상에 어떻게 적용되는지 연구하다가 배가 고파왔습니다. 간만에 정통 수타 짜장면을 먹기 위해 우리는 차를 몰고 나왔습니다. 그날따라 수타 짜장면 집은 손님들로 매우 붐볐습니다. 주차할 곳이 없었습니다. 훅과 나는 다른 곳으로 갈까 하다가 이왕 한번 먹기로 했으니 다른 곳에 주차하더라도 먹어 보자고 합의를 봤습니다. 그래서 우리는 '착착 주차장'이라는 곳에 차를 대기로 했습니다. 물론 주차 요금을 받는 곳입니다. 주차 요금은 다음과 같이 받는다고 합니다.

- 기본 요금 : 3000원 (처음 1시간까지)
- 추가 요금 : (1시간을 넘을 경우 추가되는 시간마다) 2000원
- 최대 요금 : (4시간 초과) 10000원

앗, 나는 내 몸의 시신경을 타고 들어오는 자극을 느꼈습니다. 이 요금 체계에서 나는 불연속점을 감지했습니다. 이때까지 나와 함께 공부해 오던 훅도 그런 감을 느끼고 있나 봅니다. 몸을 살며시 떠는 것을 보면 말입니다. 하지만 훅은 차에서 내리자 소변이 마렵다며 화장실로 줄행랑칩니다. 나의 착각이었습니다. 하지만 분명, 저 요금 체계에서 나는 불연속의 감을 느꼈습니다.

이 요금 체계를 함수식으로 나타내 보겠습니다. 함수임에는 틀림이 없으니까요. 하이~ 함수!

주차 시간 x에 대한 주차 요금을 $f(x)$라 하면 함수 $f(x)$는 다음과 같이 나타낼 수 있습니다.

$$f(x) = \begin{cases} 3000 & (0 < x \leq 1) \\ 5000 & (1 < x \leq 2) \\ 7000 & (2 < x \leq 3) \\ 9000 & (3 < x \leq 4) \\ 10000 & (x > 4) \end{cases}$$

화장실을 다녀온 훅이 뭐, 이런 괴물 같은 식이 있냐며 나를 쳐다봅니다. 녀석은 동강동강 끊어지는 불연속점을 가지고 있습니다. 이 함수 $f(x)$를 그래프로 나타내 보겠습니다. 다음의 그림을 보세요.

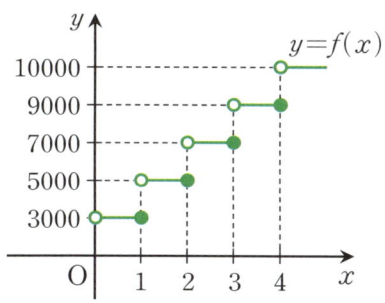

위의 그림에서 볼 수 있듯이 x가 정수일 때, 함수 $f(x)$는 불연속입니다. 즉, $x=1, 2, 3, 4$일 때 불연속이라는 뜻입니다. 다

시 말해서 1시간에서 1분이라도 지나면 요금은 5000원이 됩니다. 만약 1시간 59분까지 주차를 시켜도 요금은 5000원이라는 뜻입니다. 혹은 바쁜 사람이 언제 그런 것을 일일이 따지냐며 짜장면이나 먹으러 가자고 합니다. 그래요. 불연속은 불연속이고 배가 고픈 우리는 수타 짜장면 집으로 달려갑니다.

훅과 나는 수타 짜장면을 두 개 시켰습니다. 둘 다 곱빼기로 말입니다. 기다리고 있는데 식당의 둥근 테이블이 덜거덕거립니다. 내가 짚었다가 팔꿈치를 떼면 덜거덕거립니다. 테이블 다리의 길이가 똑같지 않기 때문일까요? 아니면 바닥이 고르지 않아서 일까요? 서로 원인이 무엇인지 생각합니다. 그때 갑자기 나는 또 다른 생각과 함께 이 문제의 해결책을 알게 되었습니다.

코시의 여덟 번째 수업

이 문제의 해결책은 바로 '중간값의 정리'입니다. 수학의 중간값의 정리를 이용하면 이 식탁이 덜거덕거리는 것을 방지할 수 있습니다.

식탁의 다리는 네 개입니다. 이 중 세 개는 바닥에 닿아 있고 한 개만 떠 있다고 하면 그 한 개의 마주 보는 다리를 회전해서 식탁을 돌려 보면 탁 고정되는 순간이 올 것입니다. 이게 바로 수학의 중간값 정리입니다. 자세하게 이야기하려고 하는데 우리가 시킨 짜장면이 나왔습니다. 짜장면을 먹는데 너무 수학적인 이야기를 하면 체할 수도 있습니다. 그래서 간략하게 설명하고자 합니다.

연속적인 곡선, 즉 끊기는 데가 없는 곡선과 x축 사이의 거리는 a와 b로 옮겨 가는 동안에 A와 B 사이의 모든 값을 적어도 한 번은 겪는다는 중간값의 정리를 이용한 것입니다.

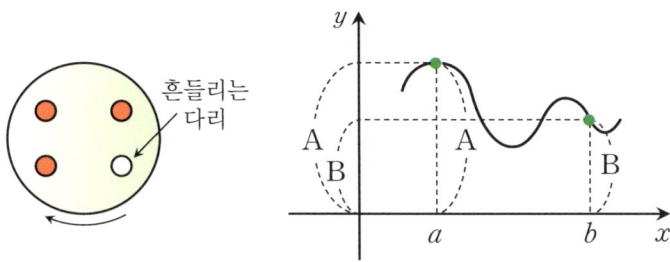

테이블 다리와 그래프의 관계

지금까지 연속함수에 대해 공부해 보았습니다. 많이 어려웠나요? 하지만 차근차근 공부하다 보면 여러분은 재미있고 쉽게 연속함수와 가까워질 수 있을 것입니다. 포기하지 말고 열심히 공부해 보세요! 나는 이제 짜장면을 마저 먹겠습니다. 수고 많았어요! 여러분, 그럼 모두 안녕~.

수업정리

❶ 불연속점

함수 $f(x)$가 $x=a$에서 불연속일 때, a를 $f(x)$에 대하여 이르는 말입니다.

❷ 가우스함수

$y=[x]$ ($[x]$는 x를 넘지 않는 최대정수)는 $x=n$에서 불연속인 함수입니다. (단, n은 정수)

NEW 수학자가 들려주는 수학 이야기 68
코시가 들려주는 연속함수 이야기

ⓒ 김승태, 2009

2판 1쇄 인쇄일 | 2025년 9월 18일
2판 1쇄 발행일 | 2025년 10월 2일

지은이 | 김승태
펴낸이 | 정은영
펴낸곳 | (주)자음과모음

출판등록 | 2001년 11월 28일 제2001-000259호
주소 | 10881 경기도 파주시 회동길 325-20
전화 | 편집부 (02)324-2347, 경영지원부 (02)325-6047
팩스 | 편집부 (02)324-2348, 경영지원부 (02)2648-1311
e-mail | jamoteen@jamobook.com

ISBN 978-89-544-5313-4 44410
      978-89-544-5196-3 (세트)

• 잘못된 책은 교환해 드립니다.